Christa Schröder | Ingo Wirth

**99** **Tipps**
Kompetenzorientiert unterrichten

Christa Schröder
Ingo Wirth

sind Studiendirektoren am Studienseminar für Gymnasien in Frankfurt am Main, arbeiten als Fachleiter für Methoden, Medien, Pädagogik, Deutsch (C. S.) und Kunst (I. W.), bilden Lehrkräfte im Vorbereitungsdienst aus und leiten Fortbildungsveranstaltungen.

Christa Schröder | Ingo Wirth

# 99 Tipps
## Kompetenzorientiert unterrichten

Die in diesem Werk angegebenen Internetadressen haben wir überprüft (Redakti-
onsschluss Januar 2012). Dennoch können wir nicht ausschließen, dass unter einer
solchen Adresse inzwischen ein ganz anderer Inhalt angeboten wird.

www.cornelsen.de

Bibliografische Information: Die Deutsche Bibliothek verzeichnet diese Publikation in
der Deutschen Nationalbibliografie; detaillierte bibliografische Daten sind im Internet
über http://dnb.de abrufbar.

1. Auflage 2012
© 2012 Cornelsen Verlag, Berlin
Konzeption/Projektleitung: Dorothee Weylandt, Berlin
Redaktion: Peter Süß, München
Herstellung: Brigitte Bredow / Regina Meiser, Berlin
Die Reihenkonzeption wurde von Cornelia Colditz und Claudia Kahlenberg im
Rahmen eines studentischen Wettbewerbs im Studiengang Verlagsherstellung an der
HTWK Leipzig (www.verlagsherstellung.de) unter Leitung von Julia Walch, Bad Soden,
entwickelt.
Satz/Layout: Julia Walch, Bad Soden
Umschlaggestaltung: Magdalene Krumbeck, Wuppertal
Druck und Bindearbeiten: CPI – Clausen & Bosse, Leck
Printed in Germany
ISBN 978-3-589-23334-2

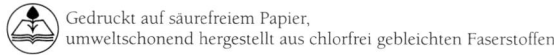 Gedruckt auf säurefreiem Papier,
umweltschonend hergestellt aus chlorfrei gebleichten Faserstoffen.

# Inhaltsverzeichnis

## DIAGNOSTIZIEREN

## FÖRDERN

## Kompetenzorientierung in der Praxis

## Kompetenzorientierte Unterrichtskonzepte planen, durchführen und evaluieren

Seit der ersten PISA-Studie sind die Lernergebnisse der Schüler in den Mittelpunkt der bildungspolitischen Diskussion und der curricularen Entscheidungen der Kultusministerien gerückt. Viele Lehrer fürchten, dass die seither eingeleitete Ausrichtung an Bildungsstandards und die geforderte Kompetenzorientierung des Unterrichts zu einer Verengung des pädagogischen Blicks auf das Erzeugen von messbaren und vergleichbaren Leistungen führen könnte. Im Zentrum der Überlegungen zur Verbesserung des Unterrichts sollten jedoch die individuellen Lernprozesse stehen, wenn durch die verbindlichen Bildungsstandards eine neue Lernkultur etabliert werden soll, die eine umfassende Kompetenzentwicklung als Befähigung der Heranwachsenden zur vernünftigen Selbstbestimmung und Realitätsbewältigung ermöglicht.

Vor Ort, an den Schulen, fühlen sich die Kollegen aber oft mit dieser Aufgabe alleingelassen, sehen ihre Erfahrungen und ihre individuellen pädagogischen Erfolge angezweifelt und fragen sich, ob sie in Zukunft alles anders machen müssen. Der Sinn der Einführung von Bildungsstandards wird nicht selten überlagert von administrativen Anweisungen und kleinteiligen Vorschriften. Dabei geht es eigentlich um ganz einfache Ziele: Die Schüler sollen nach dem Abschluss ihres Bildungsgangs bestimmte Basiskompetenzen tatsächlich erworben haben, sollen in der Schule so lernen, dass sie mit dem Erlernten etwas anfangen können. Ihr Lernstand soll anhand von Prüfungen erfasst werden, die einen überregionalen Vergleich der Lernerfolge ermöglichen. In der Lehrerausbildung und bei Fortbildungen wurden wir immer wieder mit ähnlichen Verständnisfragen und Hilfegesuchen konfrontiert: Was bedeutet das für meine Unterrichtsgestaltung? Wie geht das? Wie lässt sich das im Schulalltag unter den herrschenden Rahmenbedingungen realisieren? Diese 99 Tipps sind eine Sammlung von Antworten und konkreten Praxisempfehlungen.

Die erste Hälfte der Tipps in diesem Buch bezieht sich eher auf Sinn und Zweck von Bildungsstandards und Kompetenzorientierung. Im zweiten Teil stehen Empfehlungen für die Unterrichtspraxis im Vordergrund.

Wir wünschen Ihnen viel Erfolg!
*Christa Schröder und Ingo Wirth*

PS: Aus Gründen der besseren Lesbarkeit wird in diesem Buch durchgehend die männliche grammatische Form verwendet. Natürlich sind damit auch immer Frauen und Mädchen gemeint, also Lehrerinnen, Schülerinnen usw.

# 10 Top-Tipps ... Die Lieblingstipps der Autoren!

**1** Den Leitgedanken nachvollziehen

Kompetenzorientierung: Was ist neu? **23**

**25** Lernbegeisterung wecken

Positives Selbstbild fördern **45**

**52** Lerntempounterschiede beachten

Kompetenzorientierte Lehr-/Lernarrangements **53**

**61** Die Lernenden einbinden

Problemhaltige, authentische Anforderungssituationen **79**

**83** Selbstgesteuertes Lernen ermöglichen

Selbstwirksamkeit erfahren lassen **93**

# 1

Die Einführung von Bildungsstandards war eine Reaktion auf alarmierende Ergebnisse der TIMSS- und PISA-Studien. Es zeigte sich darin, dass die Leistungen deutscher Schüler im internationalen Vergleich mittelmäßig und innerhalb Deutschlands extrem unterschiedlich ausfielen. Vor allem erschreckte die hohe Anzahl von Schülern ohne Schulabschluss und ohne Minimalqualifikation wie Lesen, Schreiben oder Rechnen. Zur gleichen Zeit zeigten viele Bemühungen von Lehrkräften, Unterrichtskonzeptionen sinnstiftender und lernwirksamer zu machen, dass auch die Schulgemeinden mit den Ergebnissen des Unterrichts nicht immer zufrieden waren. In dieser Situation übernahm die Bundesregierung die Initiative, um Wege aufzuzeigen, in welche Richtung die Schulpolitik der Bundesländer gelenkt werden müsste, um dem Problem beizukommen.

Im Auftrag des Bundesministeriums für Bildung und Forschung erstellte eine Expertengruppe unter Prof. Eckhard Klieme vom Deutschen Internationalen Institut für Pädagogische Forschung eine Expertise unter dem Titel „Zur Entwicklung nationaler Bildungsstandards" (BMBF 2007). In diesem Papier wird der Begriff „Bildungsstandard" definiert, seine Bedeutung für eine Reform des deutschen Bildungswesens wird erläutert und Verfahren zur Arbeit mit Bildungsstandards werden skizziert. Diese Expertise wurde zur Leitschnur für die Arbeit der KMK und der Schulbehörden der Bundesländer an Bildungsstandards.

### Achtung!

Die Bildungsstandards finden Sie im Internet unter
http://www.kmk.org/bildung-schule/qualitaetssiche
rung-in-schulen/bildungsstandards/ueberblick.html.

**2**

Die Klieme-Expertise erläutert den Begriff „Bildungsstandards" (BMBF 2007, S. 9 ff.):

1. Merkmal: Verbindlichkeit

*Verbindlichkeit*

„Nationale Bildungsstandards formulieren verbindliche Anforderungen an das Lehren und Lernen in der Schule. Sie stellen damit innerhalb der Gesamtheit der Anstrengungen zur Sicherung und Steigerung der Qualität schulischer Arbeit ein zentrales Gelenkstück dar. Bildungsstandards benennen präzise, verständlich und fokussiert die wesentlichen Ziele der pädagogischen Arbeit, ausgedrückt als erwünschte Lernergebnisse der Schülerinnen und Schüler. Damit konkretisieren sie den Bildungsauftrag, den Schulen zu erfüllen haben."

2. Merkmal: Minimalstandards

*Minimalstandards*

„Bildungsstandards greifen allgemeine Bildungsziele auf. Sie legen fest, welche Kompetenzen die Kinder oder Jugendlichen bis zu einer bestimmten Jahrgangsstufe mindestens erworben haben sollen. Die Kompetenzen werden so konkret beschrieben, dass sie in Aufgabenstellungen umgesetzt und prinzipiell mithilfe von Testverfahren erfasst werden können. Der Darstellung von Kompetenzen, die innerhalb eines Lernbereiches oder Faches aufgebaut werden, ihrer Teildimensionen und Niveaustufen, kommt in diesem Konzept ein entscheidender Platz zu."

3. Merkmal: Konkretisierung

*Konkretisierung*

„Kompetenzmodelle konkretisieren Inhalte und Stufen der allgemeinen Bildung. Sie formulieren damit eine pragmatische Antwort auf die Konstruktions- und Legitimationsprobleme traditioneller Bildungs- und Lehrplandebatten. Die Expertise benennt mehrere Beispiele für Kompetenzmodelle aus der Mathematik (etwa bei PISA), aus dem Fremdsprachenlernen und der Naturwissenschaftsdidaktik. Diese Modelle stützen sich auf fachdidaktisches und pädagogisch-psychologisches Wissen."

# 3 OUTPUT STATT INPUT REALISIEREN

Kompetenzüber-
prüfung durch
einheitliche Tests

❯ Tipp 36

Bildungsstandards sollen dabei helfen, feststellen zu können, ob die Schüler am Ende von Ausbildungsabschnitten über bestimmte Problemlösungskompetenzen verfügen. Dieser „Output" soll anhand von einheitlichen Tests nachgewiesen werden. Darüber hinaus eröffnen Bildungsstandards Perspektiven zur Entwicklung und Vertiefung individueller Stärken der Schüler über die Mindest-, Normal- oder Regelkompetenzen hinaus. Auch diese werden anhand von Tests nachgewiesen (Tipp 36).

Dieses Prinzip wird als „Output-Orientierung" bezeichnet, d. h., das Bildungswesen wird daran gemessen, was die Schüler nach der Ausbildung nachweislich können. Es wird im Kontrast zu den Zielsetzungen der Lehrpläne gesehen, in denen nicht selten lediglich aufgelistet war, was im Einzelnen gelehrt werden sollte, wobei aber nicht gewährleistet war, dass bestimmte Mindestkompetenzen tatsächlich erworben wurden. Dies wird als „Input-Orientierung" bezeichnet, d. h., hier wird nur beschrieben, was den Schülern beigebracht werden soll, ohne verbindlich zu überprüfen, was sie tatsächlich können.

## Gleich mal ausprobieren

Halten Sie für sich selbst fest, was es bedeutet, wenn Schüler am Ende eines Ausbildungsabschnitts etwas tatsächlich können: Was heißt es, einen Leserbrief zu einem kontroversen Problem zu schreiben, die Kosten- und Zeitplanung für eine Studienfahrt nach Italien zu erstellen, eine Ausstellung eigener künstlerischer Arbeiten in der benachbarten Sparkasse zu organisieren, zu einem Zeitungsartikel über technische Herausforderungen der Energiewende eine kritische Position einzunehmen?

„Erst die Kombination von standardbezogener Zielsetzung und Überprüfung einerseits, pädagogischer Autonomie andererseits ermöglicht Qualitätsentwicklung." (Eckhard Klieme im *FOCUS*)

Bildungsstandards sollen Output-Ziele präzise kennzeichnen. Dadurch sollen andererseits vielfältige Spielräume für die schulische und unterrichtliche Realisierung dieser Ziele eröffnet werden (vgl. BMBF 2007, S. 112 ff.). Das sind zwei Seiten derselben Medaille. Leider werden diese Spielräume in der Praxis nicht selten durch ausufernde „Kerncurricula", welche eigentlich nur unverzichtbare Lerninhalte nennen sollen, sowie durch inhaltliche Vorgaben für zentrale Prüfungen erkennbar eingeschränkt.

Je nach Umfang der Kerncurricula und nach Ausgestaltung der zentralen Prüfungsaufgaben können verbindlich vorgeschriebene Fachinhalte die flexiblen Gestaltungsmöglichkeiten des Unterrichts wesentlich beschränken.

## Achtung!

Arbeiten Sie die neuen Spielräume konkret heraus:
- Welche Themen wollen Sie nun im Unterricht behandeln, die bislang noch nicht behandelt wurden?
- Sollen Ihre Schüler neue Gestaltungsmöglichkeiten erhalten?
- Können Änderungen in der Schulorganisation dabei helfen?

Ergreifen Sie Ihre Chance: Schaffen Sie Fakten, beschließen Sie in Ihren schulischen Gremien, wie die neuen Spielräume genutzt werden sollen.

# 5 STANDARDS KRITISCH BETRACHTEN

Bewerten Sie Ihre Bildungsstandards. Machen Sie sich dadurch den Rücken frei, um Ihre Schüler richtig fördern zu können. Die Klieme-Expertise nennt Merkmale guter Bildungsstandards, welche auf die nationalen Bildungsstandards der KMK zutreffen. Schauen Sie mal nach: Gilt das auch für die Bildungsstandards Ihres Faches und Ihres Bundeslandes?

**Fachlichkeit**
1. Fachlichkeit: Bildungsstandards sind jeweils auf einen bestimmten Lernbereich bezogen und arbeiten die Grundprinzipien der Disziplin bzw. des Unterrichtsfaches klar heraus.

**Fokussierung**
2. Fokussierung: Die Standards decken nicht die gesamte Breite des Lernbereiches bzw. Faches in allen Verästelungen ab, sondern konzentrieren sich auf einen Kernbereich.

**Kumulativität**
3. Kumulativität: Bildungsstandards beziehen sich auf die Kompetenzen, die bis zu einem bestimmten Zeitpunkt im Verlauf der Lerngeschichte aufgebaut wurden. Damit zielen sie auf kumulatives, systematisch vernetztes Lernen.

**Verbindlichkeit**
4. Verbindlichkeit für alle: Die Standarts drücken die Mindestvoraussetzungen aus, die von allen Lernern erwartet werden. Diese Mindeststandards müssen schulformübergreifend für alle Schüler gelten.

**Differenzierung**
5. Differenzierung: Die Standards legen aber nicht nur eine „Messlatte" an, sondern differenzieren zwischen Kompetenzstufen, die über und unter bzw. vor und nach dem Erreichen des Mindestniveaus liegen. Sie machen so Lernentwicklungen verstehbar und ermöglichen weitere Abstufungen und Profilbildungen, die ergänzende Anforderungen in einem Land, einer Schule, einer Schulform darstellen.

**Verständlichkeit**
6. Verständlichkeit: Die Bildungsstandards sind klar, knapp und nachvollziehbar formuliert.

**Realisierbarkeit**
7. Realisierbarkeit: Die Anforderungen stellen eine Herausforderung für die Lernenden und die Lehrenden dar, sind aber mit realistischem Aufwand erreichbar. (BMBF 2007, S. 24 f.)

## Achtung!

Wählen Sie zur Überprüfung Ihrer Bildungsstandards einen überschaubaren Aspekt aus (z.B. die Beschreibung des zu erreichenden Levels für ein ausgewähltes Fach nach Abschluss der Jahrgangsstufe 6) und stellen Sie ihn hinsichtlich der oben genannten Punkte auf den Prüfstand. Erörtern Sie in Ihrer Fachgruppe, wie Sie mit Stärken und Schwächen Ihrer Bildungsstandards umgehen wollen.

## EIGENES SCHULPROFIL PRÜFEN

# 6

Arbeit mit Bildungsstandards bedeutet Etablierung eines je nach Schule etwas anders ausgestalteten Kreislaufs von Diagnose und Förderung der Schüler (Tipp 37). Nach Klieme müssen Lehrerbildung, Schulaufsicht und Landesinstitute bei der Ausgestaltung dieses Systems unterstützen. Fordern Sie diese Unterstützung ein. Für jede Schule muss klar sein, worin ihre jeweils besonderen Herausforderungen bestehen: Zug um Zug muss herausgearbeitet werden, was optimales Fördern eigentlich heißt. Bei einer Schülerschaft mit hohem Förderbedarf zur Gewährleistung von Mindeststandards bedeutet das etwas anderes als bei Schulen mit anspruchsvollem naturwissenschaftlichem Profil und Schülern mit hohem Kompetenzniveau: „Die erste Funktion der Bildungsstandards besteht in der Orientierung der Schulen auf verbindliche Ziele. Lehrkräfte, aber auch Lernende und deren Eltern können sich darauf bei der pädagogischen Weiterentwicklung von Schule und Unterricht beziehen. Kompetenzmodelle bieten den Lehrerinnen und Lehrern ein Referenzsystem für ihr professionelles Handeln. Bildungsstandards lassen den Schulen einen starken Freiraum für die innerschulische Lernplanung, zumal wenn die Lehrpläne und Rahmenrichtlinien der Länder auf Kerncurricula begrenzt werden. Diesen Freiraum zu nutzen kann die Schule voranbringen, erfordert aber auch Unterstützung durch

❯ Tipp 37

Förderbedarf an
der Schule klären

Einrichtungen der Lehrerbildung, Schulaufsicht und Landesinstitute." (BMBF 2007, S. 9 f.)

Bildungsstandards sollen beim objektiven Erfassen und Bewerten von Lehr- und Lernerfolgen helfen: „Eine zweite Funktion der Bildungsstandards besteht darin, dass auf ihrer Grundlage Lernergebnisse erfasst und bewertet werden. Mit Bezug auf die Bildungsstandards kann man überprüfen, ob die angestrebten Kompetenzen tatsächlich erworben wurden. So lässt sich feststellen, inwieweit das Bildungssystem seinen Auftrag erfüllt hat (Bildungsmonitoring), und die Schulen erhalten eine Rückmeldung über die Ergebnisse ihrer Arbeit (Schulevaluation)." (BMBF 2007, S. 9)

### Achtung!

Erörtern Sie mit Ihren Kollegen die Frage, an welchen Stellen Ihnen an Ihrer Schule die Arbeit mit Bildungsstandards besonders helfen kann: Bleiben viele Schüler Ihrer Schule sitzen? Fallen viele Schüler durchs Abitur? Werden Begabte ausreichend gefördert? Verwenden Sie konsequent die Bildungsstandards als Maßstab zur Bestimmung des Kompetenzniveaus Ihrer Schüler. Das hilft Ihnen dabei, Ihre Anliegen zur Veränderung der Schulkultur gegenüber Schulverwaltung und Elternschaft zu vertreten. Benutzen Sie Diagnosewerkzeuge zur Ermittlung des Kompetenzstandes. Damit können Sie Ihre Einschätzungen belegen. Halten Sie besonderen Förderbedarf der Schüler fest, der zur Erreichung der Mindest- oder Regelstandards berücksichtigt werden muss, z.B. im Bereich Sprachförderung, mathematisches Denken, Kooperation, Selbstständigkeit, soziale Integration. Nutzen Sie die Möglichkeit, die Förderdimensionen Ihrer Schule gegenüber der Öffentlichkeit zu vertreten und Hilfe einzufordern.

Bildungsstandards zielen im Kern darauf ab, dass die Schüler Kompetenzen erwerben. Nach den früheren Lehr- oder Rahmenlehrplänen sollten bestimmte Lernziele erreicht werden.

In der Unterrichtspraxis wurden dennoch auch vielfältige Kompetenzen vermittelt. Diesen galt aber nicht das ausdrückliche Augenmerk der Bildungsverwaltung. Die mit Abschluss des Bildungsgangs tatsächlich erworbenen Kompetenzen wurden nicht evaluiert und erhoben. Als dies mit TIMSS und PISA erstmals geschah, stellte sich heraus, dass deutsche Schüler über wesentliche Kompetenzen vielfach nicht verfügten.

Während Lernzielkataloge der älteren Lehrpläne einzelne Themen, Probleme, bestimmte Fertigkeiten und Fähigkeiten nennen, beschreiben Bildungsstandards Kompetenzen als Fähigkeiten, bestimmte Anforderungssituationen bewältigen zu können.

*Unterschiede zwischen früheren Lehrplänen und heutigen Bildungsstandards*

▪ Während Lernzielkataloge ein Optimalwissen beschreiben, das sehr gute Schüler gänzlich erreichen können, nennen die nationalen Bildungsstandards derzeit Regelstandards, sollten aber, nach Klieme, vor allem den Anspruch haben, mit der Zeit ein minimales Kompetenzniveau beschreiben und Perspektiven auf mittlere und höhere Leistungsniveaus (Regel- und Maximalstandards) eröffnen zu können, welche die Schüler bei weiterer individueller Förderung erreichen können.

▪ Während ältere Lehrpläne Lernzielkataloge für jedes Schulhalbjahr vorschreiben, legen Bildungsstandards Kompetenzniveaus fest, die nach der Primarstufe und dann jeweils nach etwa zwei Jahren erreicht werden sollen. Es bleibt den Schulen überlassen, geeignete Fachinhalte und -methoden für den Unterricht innerhalb dieser Zeiträume zu wählen.

## Gleich mal ausprobieren

Um zu überprüfen, welche bewährten Lernaufgaben auch im Zuge der Kompetenzorientierung, des Diagnostizierens und Förderns beibehalten werden können, ist es hilfreich, eine tabellarische Übersicht zu erstellen, die aufzeigt, welche Kompetenzen mithilfe bewährter Lernaufgaben gefördert werden können und welche der bewährten Unterrichtsverfahren deutliche diagnostische Perspektiven eröffnen. So zeigt sich schnell ein Fundament, auf dem bei der Umsetzung von Bildungsstandards aufgebaut werden kann, und es zeigen sich vielleicht auch bestimmte Lücken, bei deren Füllung Neuland beschritten werden muss.

# 8 DEN KOMPETENZBEGRIFF ERLÄUTERN

Kompetenzbegriff der Expertiseforschung

Was wird unter dem Begriff „Kompetenz" eigentlich genau verstanden? Die Klieme-Expertise stützt sich mit Weinert (Weinert 2001) auf den Kompetenzbegriff der Expertiseforschung (BMBF 2007, S. 72):

„Die Expertiseforschung beschäftigt sich mit der Untersuchung von leistungsfähigen Experten in einem bestimmten Fach bzw. Gegenstandsbereich – in der Expertiseforschung als ‚Domäne' bezeichnet. Der dort verwendete Kompetenzbegriff lässt sich hervorragend auf den schulischen Bereich übertragen. Bei der Beschreibung von Kompetenz und vor allem bei Versuchen ihrer Operationalisierung stehen hauptsächlich kognitive Merkmale (fachbezogenes Gedächtnis, umfangreiches Wissen, automatisierte Fertigkeiten) im Vordergrund. Jedoch gehören ausdrücklich auch motivationale und handlungsbezogene Merkmale zum Kompetenzbegriff."

Folglich definiert die Klieme-Expertise: „In Übereinstimmung mit Weinert (…) verstehen wir unter Kompetenzen die bei Individuen verfügbaren oder von ihnen erlernbaren kognitiven Fähigkeiten und Fertigkeiten, bestimmte Probleme zu lösen, sowie die damit verbundenen motivationalen, volitionalen [durch eigenes Wollen bestimmten] und sozialen Bereitschaften und Fähigkeiten, die Problemlösungen in variablen Situationen erfolgreich und verantwortungsvoll nutzen zu können."

## Achtung!

Nicht selten werden fälschlicherweise bloße Fähigkeiten, Fertigkeiten und Kenntnisse als „Kompetenzen" bezeichnet. Demgegenüber liegt die hier gemeinte Kompetenz darin, in komplexer Weise Fähigkeiten, Fertigkeiten und Kenntnisse aus eigenem, persönlichem Antrieb zur Bewältigung von Anforderungssituationen nutzen zu können.

## DEN FACHBEZUG HERAUSARBEITEN

# 9

Wussten Sie schon? Der Klieme-Expertise zufolge sind ausgerechnet fachbezogene Kompetenzen das entscheidende Element beim Kompetenzerwerb:

„Aufgrund der zentralen Rolle fachbezogener Fähigkeiten und fachbezogenen Wissens sind Kompetenzen in hohem Maße domänenspezifisch [auf ein Fachgebiet bezogen]. Diese starke Ausrichtung des hier vertretenen Kompetenzbegriffs auf Lernbereiche, Fächer bzw. ‚Domänen' mag Leser, die mit pädagogischen Debatten über Kompetenzförderung vertraut sind, überraschen, weil dort der Begriff der Kompetenz häufig für allgemeinere, fächerübergreifende Fähigkeiten verwendet wird. Die pädagogisch-psychologische Forschung zeigt jedoch, dass es nicht ausreicht, fächerübergreifende ‚Schlüsselqualifikationen' als Allheilmittel bzw. als eigenständige Zieldimensionen schulischer Bildung auszuweisen. Auch wenn Komponenten wie Methoden-, Personal- und Sozialkompetenz bedeutsam sind, ersetzen sie

doch nicht die starke fachliche Bindung von Kompetenz.
Die Forschung legt sogar nahe, dass die Entwicklung fächer-
übergreifender Kompetenzen das Vorhandensein gut ausge-
prägter fachbezogener Kompetenzen voraussetzt." (BMBF
2007, S. 75)

Fachbezogene
Kompetenz ist
Voraussetzung für
fächerübergreifen-
de Kompetenz

### Gleich mal ausprobieren

Die Leitfrage bei der Bestimmung von Fachkompetenzen
lautet: Anhand welches wichtigen, typischen, beispielhaften
Fachgegenstandes und welcher wichtigen, zentralen Fach-
methode kann die betreffende Kompetenz besonders gut
gefördert werden? Greifen Sie sich eine der Kompetenzen
heraus, die Ihre Bildungsstandards nennen, und suchen Sie
zusammen mit Kollegen eine Antwort auf diese Leitfrage.
Hilfestellungen finden Sie unter http://www.kmk-format.de.

## SCHLUMMERNDE KOMPETENZEN WECKEN

# 10

„Weltwissen"

Kompetenzorientierter Unterricht baut darauf, dass irgend-
welche Kompetenzen bei den Schülern vorhanden sind:
„Weltwissen".

Lernaufgaben sollen diese schlummernden Potenziale wecken, verknüpfen und zur Herausbildung neuer Kompetenzen beitragen. Um das zu erreichen, müssen die Schüler
„aktiviert werden", also dazu gebracht werden, sich deutlich
mit der Lösung von Lernaufgaben zu identifizieren, sie lösen
zu wollen. Dann bringen sie die Energie, den Willen und
die Findigkeit auf, die nötig sind, um neue Kompetenzen
zu erwerben.

Diese Gründung des spezifischen Kompetenzerwerbs im
allgemeinen Weltwissen und in der Persönlichkeit des Schülers entspricht dem Bild eines Eisbergs, dessen größerer Teil
unter Wasser liegt, während die kleine Spitze über Wasser
sichtbar ist. Mithilfe der Netzwerkmethode (Tipp 32) lassen
sich schlummernde Kompetenzen hervorlocken und in den
Lernprozess einflechten.

▶ Tipp 32

# Eisbergmodell

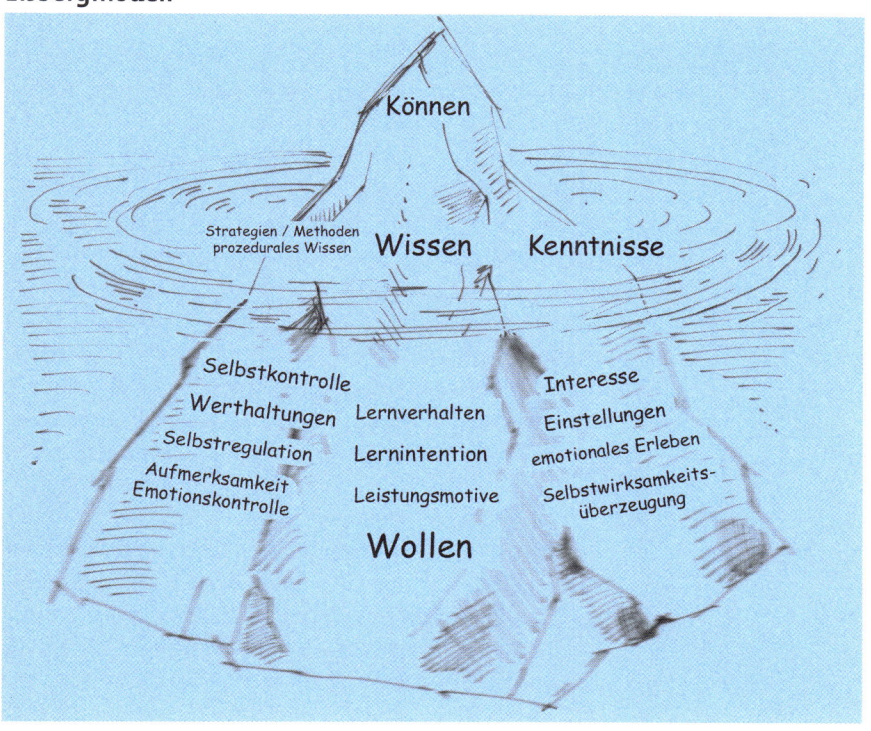

Könne

Strategien / Methoden
prozedurales Wissen

Wissen     Kenntnisse

Selbstkontrolle

Interesse

Werthaltungen     Lernverhalten

Einstellungen

Selbstregulation     Lernintention

emotionales Erleben

Aufmerksamkeit
Emotionskontrolle     Leistungsmotive

Selbstwirksamkeits-
überzeugung

Wollen

# 11

Da Kompetenz aus verschiedenen Facetten besteht, die jeweils unterschiedlich gewichtet werden müssen, ist es wichtig, sich die Eigenart der zu fördernden Kompetenz deutlich aufzuschlüsseln. Kompetenz ist „eine Disposition, die Personen befähigt, bestimmte Arten von Problemen erfolgreich zu lösen, also konkrete Anforderungssituationen eines bestimmten Typs zu bewältigen."

*Fremdsprachen-kompetenz*

Fremdsprachenkompetenz beispielsweise zeigt sich darin, „wie gut man kommunikative Situationen bewältigt (Handeln und Erfahrung), wie gut man Texte unterschiedlicher Art versteht (Verstehen) und selbst adressatengerecht Texte verfassen kann (Können), aber unter anderem auch in der Fähigkeit, grammatische Strukturen korrekt aufzubauen und bei Bedarf zu korrigieren (Fähigkeit und Wissen), oder in der Intention und Motivation, sich offen und akzeptierend mit anderen Kulturen auseinanderzusetzen (Motivation). Standards für das Fremdsprachenlernen, die dem Bildungsziel der kommunikativen Handlungsfähigkeit verpflichtet sind, müssen alle diese Facetten berücksichtigen (…). Hierbei spielen nicht nur kognitive Wissensinhalte eine Rolle, sondern – wie etwa die zuletzt genannte ‚interkulturelle Offenheit' deutlich macht – auch Einstellungen, Werte und Motive." (BMBF 2007, S. 72 ff.)

## Achtung!

Die KMK hat für die Fächer Deutsch, Mathematik, Fremdsprachen und Naturwissenschaften Beispiele erarbeiten lassen; die Ergebnisse sind im Internet abrufbar: http://www.kmk-format.de.

# 12

Kompetenz zeigt sich im Zusammenwirken verschiedener Teilkompetenzen, die in konkreten Anforderungssituationen wirksam werden. Dieses Zusammenwirken lässt sich modellhaft erfassen. In Kompetenzmodellen wird dies transparent gemacht. So lässt sich erkennen, welche Teilkompetenzen mitspielen (Komponentenmodelle), und es lassen sich dann den Teilkompetenzen Niveaustufen zuordnen (Kompetenzstufenmodelle). Die Kompetenzmodelle können durch entsprechende Beispielaufgaben (Lernaufgaben und Leistungsaufgaben) illustriert werden, die plastisch vor Augen führen, was gemeint ist. Beim Überprüfen der Kompetenz von Schülern anhand von Kompetenzmodellen kann möglicher Förderbedarf ganz konkret erkannt werden: Wo steht der Schüler jetzt, wohin müsste er kommen?

Komponenten-
modelle

Kompetenzstufen-
modelle

# 13

Wissenschaftlich abgesicherte und normierte Kompetenzmodelle gibt es für verschiedene Kompetenzbereiche der Fächer Deutsch, Mathematik, Naturwissenschaften und Fremdsprachen. Kostenlose Downloadmöglichkeiten finden sich auf den Websites der beteiligten Institutionen.

**Achtung!**

Linktipps:

- http://www.iqb.hu-berlin.de (Kompetenzmodelle der KMK und des IQB)
- http://www.pedocs.de (Ergebnisse der DESI-Studie)
- http://www.kmk.org/bildung-schule/qualitaetssiche rung-in-schulen/bildungsstandards/ueberblick.html (KMK-Erläuterungen zu Kompetenzstufenmodellen)

Literaturtipps:

- Körber (2007), S. 54–86
- Neubrand u. a. (2002)

**14**

Kompetenzmodelle sollen die sieben Facetten Fähigkeit, Wissen, Verstehen, Können, Handeln, Erfahrung und Motivation berücksichtigen.

„Demnach kann von Kompetenz dann gesprochen werden,

- wenn gegebene Fähigkeiten der Schülerinnen und Schüler genutzt werden,
- wenn auf vorhandenes Wissen zurückgegriffen werden kann bzw. die Fertigkeit gegeben ist, sich Wissen zu beschaffen,
- wenn zentrale Zusammenhänge der Domäne verstanden werden,
- wenn angemessene Handlungsentscheidungen getroffen werden,
- wenn bei der Durchführung der Handlungen auf verfügbare Fertigkeiten zurückgegriffen wird,
- wenn dies mit der Nutzung von Gelegenheiten zum Sammeln von Erfahrungen verbunden ist und
- wenn aufgrund entsprechender handlungsbegleitender Kognitionen genügend Motivation zu angemessenem Handeln gegeben ist.

Aufgrund der zentralen Rolle fachbezogener Fähigkeiten und fachbezogenen Wissens sind Kompetenzen in hohem Maße domänenspezifisch [auf ein Fachgebiet bezogen]." (BMBF 2007, S. 74 f.)

## Achtung!

Überprüfen Sie Kompetenzformulierungen, die Sie Ihrem Unterricht zugrunde legen möchten, und die ins Auge gefassten Niveaustufen daraufhin, ob sie den oben genannten Anforderungen entsprechen. Wählen Sie dazu am besten eine konkrete Lernaufgabe (Tipp 49). Betrachten Sie später die tatsächlichen Schülerleistungen mit diesen Annahmen und Einschätzungen.

❯ Tipp 49

Wissenschaftlich hergeleitete Kompetenzmodelle gibt es bislang nur für wenige Fächer (z. B. DESI für Deutsch/Englisch, Mathematik im Rahmen der PISA Studien). Nur auf diese wenigen Kompetenzmodelle kann deshalb derzeit bei der Umsetzung von Bildungsstandards verbindlich gebaut werden.

Kompetenzen, deren Struktur nicht durch Kompetenzmodelle erschlossen ist, können nicht so differenziert aufgeschlüsselt werden. Das hat vor allem Auswirkungen auf die Gestaltung von entsprechenden Prüfungsaufgaben. In Ermangelung präziser Leistungsindikatoren müssen hier Leistungsaufgaben offener formuliert und mit Einfühlungsvermögen ausgewertet werden, um unbegründete Engführung bei der Auslegung von Schülerleistungen zu vermeiden. Dies gilt ganz allgemein für so entscheidende Bereiche wie schöpferische Kompetenzen der Schüler (z. B. Kreativität, Spontaneität, Originalität, Einfallsreichtum, Geschmack) oder ethische Kompetenzen (z. B. Empathie, Hilfsbereitschaft, Freundlichkeit und Verantwortungsbewusstsein). Natürlich dürfen solche Kompetenzen nicht vom Radarschirm des Unterrichts verschwinden, nur weil sie nicht in Kompetenzmodellen erfasst werden. Bei der Leistungserhebung muss dann an die Stelle einer quantifizierenden Leistungsermittlung eine qualitative Leistungseinschätzung erfahrener Pädagogen treten.

*Offenere Formulierung von Leistungsaufgaben*

*Qualitative Leistungseinschätzung statt quantifizierender Leistungsermittlung*

## Achtung!

Hier können vielfach typische modellartige Anforderungssituationen Hinweise auf spezifische Kompetenzen und Niveaustufen geben, die in Kompetenzbereichen wirken, die noch nicht in Form normierter Modelle erfasst wurden. Beispiele für Anforderungssituationen sind: ein Werbeplakat entwerfen, eine Rede konzipieren und halten, eine komplexe Kalkulation vornehmen, ein Experiment planen und durchführen.

# 16

Um die Beurteilung der Kompetenz von Schülern nicht auf die wenigen normierten Verfahren, wie die von PISA, DESI und TIMSS bekannten, zu verengen, sollten Schulen und Lehrkräfte systematisch dafür sorgen, dass neben den standardisierten Tests andere Erhebungsverfahren praktiziert werden.

Auf Seiten der Schüler können das Lerntagebücher oder Portfolios sein, in denen ihre Produkte gesammelt werden. In diesen Lernprodukten sind ja auch die über die Normtests hinausgehenden Leistungen enthalten. Die Würdigung der so erfassten Kompetenzen kann in Beratungsgespräche, in die individuelle Gestaltung von Lernaufgaben und in die Bestimmung von überfachlichen Kompetenzen einfließen.

Aufseiten der Lehrkräfte kann es helfen, wenn zusätzlich zu den Beurteilungs- und Notenlisten ganz bewusst Beobachtungen festgehalten werden, die typisch sind für besondere Stärken dieser Schüler, in den Listen aber nicht auftauchen.

**Achtung!**

Erfassen Sie Kompetenzen nicht bloß mit Listen oder Tabellen. Überlegen und notieren Sie:
- Das schätze ich an meinen Schülern: ...
- Das können meine Schüler besonders gut, obwohl es in keinem Kompetenzraster vorkommt: ...
- Das hat mich an meinen Schülern richtig überrascht: ...
- Das muss ich ihnen unbedingt mal sagen: ...

**17**

Um sich ein genaueres Bild von den in den Bildungsstandards aufgelisteten Kompetenzen zu machen, sollten Sie diese sichten und dann nachvollziehen, welche dieser Kompetenzen in Ihrem Unterricht bislang schon gefördert wurden.

## Gleich mal ausprobieren

Vergleichen Sie Ihr Verständnis dieser Kompetenzen mit dem Ihrer Kollegen. Am besten nehmen Sie sich einige Beispielaufgaben aus dem Unterricht einer bestimmten Jahrgangsstufe vor und untersuchen sie gemeinsam auf Kompetenzen, die damit gefördert werden können. Wahrscheinlich sind es sowohl fachliche als auch überfachliche Kompetenzen.

Im nächsten Schritt wählen Sie eine Lerngruppe aus und überlegen, über welche der geforderten Kompetenzen diese Schüler wohl schon verfügen und über welche noch nicht. Überprüfen Sie Lernaufgaben aus Ihrem Unterricht dann daraufhin, ob sie in verschiedenen Niveaus bearbeitet werden können, sodass sie sowohl für Schüler mit hohem als auch mit niedrigem Kompetenzstand leistbar sind. Gruppieren Sie die so untersuchten Beispielaufgaben hinsichtlich ihrer Anforderungen und ihres Förderpotenzials. Beraten Sie sich mit Ihren Kollegen darüber, ob einige der untersuchten Aufgaben sich eignen, um in ein Schulcurriculum verbindlich aufgenommen zu werden.

## KOMPETENZNIVEAUS IN STUFEN STAFFELN

**18**

Bildungsstandards bauen darauf auf, dass eine Gruppe von unverzichtbaren Kompetenzen bestimmt wird, über die alle Schüler zu einem bestimmten Zeitpunkt verfügen sollen. Geschieht dies für verschiedene Altersstufen (z. B. nach Klasse 6 und nach Klasse 8), ergibt sich eine Abfolge von Levels mit unterschiedlichen Leistungsniveaus. Innerhalb dieser Levels können dann minimale, mittlere und hohe Kompetenzstufen in den Blick genommen werden, welche bei der Identifizierung von besonderem Kompensationsbedarf oder Talenten der Schüler helfen. Kompetenzstufen bieten auch die Möglichkeit einer kriteriumsorientierten Interpretation von Testergebnissen mit dem Ziel der Einordnung von Schülerleistungen (vgl. BMBF 2007, S. 75).

## KOMPETENZSTUFEN BESCHREIBEN

**19**

Wie unterscheiden sich Kompetenzstufen?

*Niedrige Kompetenzstufen*
— Niedrige Kompetenzstufen sind gekennzeichnet durch einfache Nachahmung, unkritisches Anwenden von bekannten Verfahren, auch ohne diese erklären zu können, geringe Bereitschaft, in Alternativen zu denken und geringes Reflexionsvermögen.

*Höhere Kompetenzstufen*
— Höhere Kompetenzstufen sind darüber hinaus gekennzeichnet durch Flexibilität und Transfer sowie die Fähigkeit, das eigene Tun systematisch zu erläutern oder sogar selbstständig zu planen. Es werden Alternativen in Erwägung gezogen, Handlungen und Entscheidungen werden kritisch begründet.

Am Beispiel von Kompetenzstufen für das Fach Mathematik lässt sich das gut ablesen (vgl. BMBF 2007, S. 76 ff.): „Auf der untersten Kompetenzstufe verfügen Personen über ein arithmetisches Wissen, das abgerufen und unmittelbar angewendet werden kann. Auf der obersten Kompetenzstufe werden hingegen komplexe Modellierungen und mathematische Argumentationen geleistet. (…) Es kann nicht darum gehen, kleinschrittig Inhalte zu beschreiben (‚sicheres Rechnen im Zahlenraum bis 20‘), sondern es kommt darauf an, diese Inhalte in einen Anwendungskontext einzubinden.“

## INDIKATOREN ZU KOMPETENZSTUFEN

# 20

Der Leistungsstand der Schüler oder der Fördererfolg von Unterricht sollte anhand gut durchdachter Indikatoren gemessen werden. Sie helfen bei einer unvoreingenommenen und transparenten Einordnung des Leistungsvermögens. Lehrkräfte und Schüler können mithilfe der Indikatoren Merkmale der erwünschten Kompetenzen in den Blick bekommen und konkret benennen. Die Leitfrage lautet: Anhand welcher Merkmale der Ergebnisse der Bearbeitung des Lerngegenstandes durch die Schüler lassen sich unterschiedliche Leistungsniveaus feststellen?

Indikatoren helfen bei der Einordnung des Leistungsvermögens

### Gleich mal ausprobieren

Indikatoren verknüpfen die zu erreichende Kompetenz mit dem zu bearbeitenden (Fach-)Inhalt. Die Einschätzung der Kompetenz eines Schülers wird beispielsweise daran überprüft, wie er eine bestimmte Sache beschreibt, sodass diese Beschreibung im Zusammenhang einer Problemlösung weiterhilft. Indikatoren für eine gute Beschreibung sind dann all die Merkmale einer guten Beschreibung, die sich an dieser Sache tatsächlich aufzeigen lassen und die zur Lösung des Problems wichtig sind. Mit anderen Worten: Ob der Schüler den Minimalstandard im Beschreiben erreicht, kann man etwa daran feststellen, ob es ihm gelingt, den Gegenstand in groben Zügen zu beschreiben und dabei auch Beobachtungen zu nennen, die für die Problemlösung relevant sind. Eine Lösung des höchsten Niveaus nennt alle Bestandteile, die Eigenart der Bestandteile sowie ihre Verteilung und Zusammensetzung zu einem Ganzen.

**21**

So finden Sie gute Indikatoren, die Ihnen und Ihren Schülern helfen, die Leistung einzuordnen:

- Skizzieren Sie eine eigene Musterlösung zur gegebenen Problemstellung.
- Anhand der Musterlösung sollten Sie dann herausstellen, woran man das Erreichen eines Mindeststandards, Normal- oder Regelstandards sowie des Maximalstandards konkret feststellen kann.

### Achtung!

Gute Hinweise für die Bestimmung von Indikatoren ergeben sich aus den Beschreibungen von Kompetenzstufen der KMK-Bildungsstandards. Diese enthalten Formulierungen, an die man – auch fachübergreifend – gut anknüpfen kann, da sie darauf angelegt sind, spezifische Unterscheidungsmerkmale zu nennen. Vgl. hierzu http://www.kmk-format.de und http://www.iq.hessen.de (weiter mit den Suchbegriffen: „Standardsicherung", „Bildungsstandards", „Leitfäden nach Fächern").

### DEN STATUS BESCHREIBEN

**22**

> Tipp 10

Alle Kompetenzen, über die ein Schüler tatsächlich verfügt, werden sich schwerlich erfassen lassen. Die meisten werden, wie im Eisbergmodell (Tipp 10) gezeigt, „unter der Oberfläche" liegen.

Beschreibung des fachlichen Kompetenzstandes

Die äußere Form der Beschreibung des fachlichen Kompetenzstandes sollte so aussehen, dass Schüler alle wichtigen Punkte gut erfassen können. Neben Listen, in denen Kompetenzen, Kompetenzniveaus und Indikatoren aufgeführt sind, kommen dafür auch Beurteilungen in Textform infrage, z. B. in Form eines Briefes an den Schüler und seine Eltern. Werden die Feststellungen der verschiedenen Fachbeurteilungen nebeneinandergelegt, ergeben sich darüber hinaus möglicherweise Ansatzpunkte für eine Förderung bestimmter Begabungen oder ein Bedarf an spezieller Kompensation.

Der Stand der überfachlichen Kompetenz wird sicher zunächst ebenfalls im Fachunterricht erfasst, die abschließende Einschätzung sollte aber unter den Lehrkräften abgestimmt werden. Aufwand und Nutzen sollten dabei im Gleichgewicht stehen: Einerseits sollte jede betroffene Lehrkraft beteiligt sein und Einfluss auf die Gesamteinschätzung haben, andererseits sollte der Vorgang des Abgleichs keinen zu großen Aufwand verursachen.

Beschreibung des überfachlichen Kompetenzstandes

## Gleich mal ausprobieren

Beauftragte Ihrer Schule erstellen einen Diagnosebogen zum überfachlichen Kompetenzstand der Schüler, der alle zwei Jahre erhoben werden soll:

1. Die betreffenden Kompetenzen werden genannt, dazu jeweils wenigstens drei Kompetenzniveaus sowie einige beispielhafte Indikatoren, an denen man die Niveaustufe erkennen kann.

2. Eine Lehrkraft, welche die betreffenden Schüler besonders gut kennt, trägt ihre Beobachtungen und Einschätzungen ein. Alternativ können zunächst die Schüler selbst den Bogen ausfüllen und ihn anschließend der Lehrkraft übergeben, die ihn bearbeitet.

3. Die entstehenden Unterlagen werden den anderen Lehrkräften zur möglichen Ergänzung weitergereicht.

4. Im Rahmen einer Konferenz wird nur noch über strittige Einschätzungen beraten und entschieden.

5. Die bei der Konferenz vereinbarten Einschätzungen des überfachlichen Kompetenzstandes werden den Schülern übergeben und bei Bedarf erläutert. Ähnlich wie bei einem Elternsprechtag sollte jeder Schüler einen Termin zur Besprechung seiner Beurteilung erhalten.

## 23 KOMPETENZORIENTIERUNG: WAS IST NEU?

Neu ist, dass die Schüler am Ende von Ausbildungsabschnitten in der Lage sind, Probleme zu lösen, die ihnen mittels Lern- oder Leistungsaufgaben vorgestellt werden. Für Sie ist das nicht neu? Umso besser, denn um dieses Ziel zu erreichen, können viele bekannte Unterrichtsstrategien, Lernformen und Unterrichtsthemen weiterhin genutzt werden, wenn sie

- bei den diagnostizierten, vorhandenen Kompetenzen ansetzen,
- die Schüler aktivieren,
- das selbstständige Lernen fördern,
- zu einem allgemeinen Kompetenzerwerb beitragen, der dazu befähigt, Problemstellungen selbstständig zu lösen.

**Möglichkeiten zur Erweiterung des Unterrichtsrepertoires**

Daneben sollten Möglichkeiten zur Erweiterung des Unterrichtsrepertoires genutzt werden, wie etwa

- das Bereitstellen von Lernumgebungen, die beim selbstständigen Lernen unterstützen,
- das Optimieren von Lernaufgaben, die kognitiv aktivieren und beim Problemlösen unterstützen,
- das Kultivieren der Rolle des Lehrers als Moderator, Berater und Coach,
- das Optimieren und Straffen von Instruktionsinstrumenten wie Lehrervortrag, Schritt-für-Schritt-Anleitung, Tutorials, Handreichungen, Selbstlernprogrammen, welche die Schüler bei Bedarf über Regeln, Verfahren und Theorien effektiv ins Bild setzen und ihnen bei der Lösung von Lernaufgaben helfen.

Laut Klieme-Expertise sind Inhalte entscheidend für den Kompetenzerwerb. Gerade der Bestimmung geeigneter Unterrichtsinhalte gilt die besondere Aufmerksamkeit, denn an der Bewältigung, Erschließung, Einordnung und Beurteilung von Inhalten erweist sich der Sinn von handelndem Umgang mit Wissen und Können.

Schüler sollen ihre eigene Kompetenz ausdrücklich als hilfreich, erhellend und begeisternd erleben können. Das geht nur anhand entsprechend bewegender oder aufregender Inhalte. Langeweile und mangelnde Motivation behindern den Kompetenzerwerb. Anregend ist aber nie der Lerngegenstand selbst, sondern das, was er im Gemüt des Schülers hervorruft: Spannung, Neugier und Zweifel, vor allem durch kognitive Konflikte, die ihn beschäftigen. Eine Lernaufgabe, die den Lerngegenstand solcherart spannend, irritierend, Zweifel erweckend einführt, verschafft ihm eine erlebte Bedeutung, aktiviert ihn zur Lösung des aufgeworfenen Problems. Wenn das im Unterricht vorgestellte Problem den Schüler einerseits überrascht, irritiert, verblüfft und andererseits so ausgewählt ist, dass es von ihm mit Gewinn bearbeitet werden kann, weil das Unterrichtssetting ihn dabei unterstützt, dann kann er zum Impuls für eigenes Nachforschen werden, kann dabei aktivieren, aus eigenem Antrieb lernen zu wollen (Tipp 85). Das heißt: Es kommt nicht allein auf die Auswahl eines geeigneten Unterrichtsgegenstandes an, sondern auch auf das Herausarbeiten und Deutlichmachen der spannenden Eigenschaften des Lerngegenstandes, welche kognitive Konflikte im Gemüt des Schülers auslösen.

Inhalte sind entscheidend für den Kompetenzerwerb

❯Tipp 85

# 25

❯ Tipp 78, 79

Kompetenzerwerb ist besonders nachhaltig, wenn er von den Schülern als sinnvoll und spannend erlebt wird. Sie sollen sich aus eigenem Antrieb Fragen stellen und Problemlösungsstrategien erschließen. Dazu braucht es einen kraftvollen Auslöser: spontane Lernimpulse im Sinne der Problemorientierung (Tipp 78, 79). Aber wie kann die Lehrkraft dazu beitragen, dass sich im Schüler spontane Lernimpulse einstellen?

Ein Seitenblick auf die Erkenntnistheorie gibt Hinweise auf die Lösung: Erkenntnisstreben erwächst grundsätzlich aus kognitiven Konflikten, welche auch Denker und Wissenschaftler zum Nachforschen anregen.

**Erkenntnisstreben erwächst aus kognitiven Konflikten**

Rosenbach nennt mit Aebli folgende Arten von kognitiven Konflikten, welche spontanes Forschungsbedürfnis wecken:

„Im Wesentlichen lassen sich folgende didaktisch zu nutzende Formen kognitiver Konflikte unterscheiden.
- Zweifel: Konflikt zwischen der Tendenz, zu glauben und nicht zu glauben.
- Ungewissheit: Mehrere einander ausschließende Möglichkeiten sind gleichermaßen wahrscheinlich.
- Überraschung: Ein beobachtetes Phänomen widerspricht den bisherigen Kenntnissen und Erwartungen.
- Inkongruenz: Zwei bisher als sicher geltende Überzeugungen werden so zueinander in Beziehung gesetzt, dass sie einander gegenseitig ausschließen müssten.
- Irrelevanz: Konfrontation mit kognitiven Einheiten, die scheinbar nicht zu den übrigen der gesamten Sequenz gehören.
- Widerspruch: Schließen zwei Behauptungen einander aus, so können sie nicht gleichzeitig wahr sein.
- Mehrdeutigkeit: Ein einzelnes Element kann mit gleicher Wahrscheinlichkeit in verschiedener Form gedeutet werden." (Rosenbach, zitiert nach Wirth 2009, S. 22 ff.)

## Gleich mal ausprobieren

Denken Sie sich eine Anforderungssituation aus, welche die Schüler vor einen kognitiven Konflikt stellt. Beispiel Ungewissheit:

Wählen Sie ein Phänomen aus, das Sie den Schülern vorstellen und welches diese erklären oder deuten sollen.

Achten Sie dabei darauf, dass das Phänomen unterschiedlich erklärt oder gedeutet werden kann (Beispiele: Eurorettung, Datenablage bei Facebook, Hungerbekämpfung durch genmanipulierte Pflanzen, Tierversuche in der medizinischen Forschung).

Lassen Sie die Schüler Erklärungs- oder Deutungshypothesen formulieren und vortragen.

Machen Sie die zu erwartende Unterschiedlichkeit und Widersprüchlichkeit der Hypothesen zum Ausgangspunkt vertiefter Untersuchungen.

Lassen Sie die Schüler den eigenen Fragen und Zweifeln nachgehen.

Unterstützen Sie sie beim Organisieren und Strukturieren der Arbeit.

## Achtung!

Literaturtipps:
- Klieme/Funke (2001), S. 179–200
- Breit (2005), S. 108–125 – Politik
- Uffelmann (1990) – Geschichte
- Wirth (2009), Kapitel 2 – Kunst
- Leisen (2007) – Physik

# 26

Ein übergeordnetes Ziel der Bildungsstandards ist die verbindliche Vermittlung von Mindestkompetenzen. Diese sollen grundsätzlich an Inhalten gelernt werden, welche in Kerncurricula aufgeführt werden. Gleichzeitig soll Raum bleiben für Inhalte, welche Schüler und Lehrkräfte aktuell aufgreifen wollen. Nicht immer kann beides zur Deckung gebracht werden. Im Zweifels- oder Konfliktfall sollte das Prinzip der verbindlichen Vermittlung von Mindestkompetenzen im Zentrum der Förderbemühungen der Schule stehen. Demgegenüber tritt der Anspruch auf vollständige Vermittlung der Inhalte des Kerncurriculums zurück.

Ein weiteres übergeordnetes Ziel ist die individuelle Förderung, insbesondere mit Blick auf Aktivierung und Selbstständigkeit der Schüler. Widersprechen Inhalte des Kerncurriculums in bestimmten Fällen dem Prinzip des individuellen Förderns, weil etwa die Schüler lieber an anderen Inhalten lernen wollen, so kann dieses Schüleranliegen vorgehen, da das Lernen an Gegenständen, die den Lernenden persönlich interessieren, oft nachhaltiger ist und seine Lernhaltung positiver beeinflusst als das Lernen an vorgeschriebenen Inhalten. Mögliche Zielkonflikte können durch eine Kooperation zwischen Lehrkräften und Schülern gelöst werden.

### Achtung!

Es empfiehlt sich, den Schülern gegenüber transparent zu machen,

- welche Kompetenzen gefördert werden sollen,
- anhand welcher Inhalte die Kompetenz in zentralen Prüfungen nachgewiesen werden soll,
- welche Spielräume zur Bearbeitung eigener Inhalte vorhanden sind,
- welche eigenen Inhalte des Schülers ins Zentrum dezentraler Prüfungen gestellt werden können (Jahresarbeiten, fachpraktische Prüfungen und Präsentationsprüfungen).

# 27

Diagnostizieren im Zusammenhang mit kompetenzorientiertem Unterricht bedeutet pädagogisches Diagnostizieren. Damit ist ein systematisches Ermitteln des Kompetenzstandes gemeint. Es erstreckt sich auf das Diagnostizieren durch Lehrkräfte und auf die Selbstvergewisserung der Schüler. Dies ist nicht zu verwechseln mit dem Bewerten von Schülerleistungen mittels Noten (Tipp 65). Die PISA-Studie hat gezeigt, dass vielen Schülern selbst nach Abschluss eines Ausbildungsgangs manche entscheidende Kompetenz fehlte. Dies wurde unter anderem darauf zurückgeführt, dass Lehrkräfte den Kompetenzstand ihrer Schüler nicht systematisch in den Blick nehmen und dass diesen ihr eigener Kompetenzstatus oft nicht bewusst ist. Durch ein Ineinandergreifen von Diagnostizieren und Fördern soll ein Förderzirkel etabliert werden, bei dem Kompetenzen der Schüler systematisch im Blick bleiben und gesteigert werden können. Entsprechend richtet sich pädagogische Diagnostik auch nicht ausschließlich auf das Ermitteln einzelner Stärken oder Defizite der Schüler, sondern auf ihre Fähigkeit, sich in Anforderungssituationen mit ihrer Kompetenz immer besser zu bewähren.

> Tipp 65

Schaffen eines Förderzirkels durch das Ineinandergreifen von Diagnostizieren und Fördern

Je nach Unterrichtssituation und Zeitpunkt in einer Unterrichtsreihe oder in einem Schuljahr stellen sich unterschiedliche diagnostische Herausforderungen:

- Am Anfang einer Unterrichtssequenz und bei der Arbeit mit einer bislang unbekannten Lerngruppe wird sicherlich zunächst der Kompetenzstatus zu ermitteln sein.
- Ist ein Status erfasst, kann sich das weitere Diagnostizieren auf das Ermitteln des Förderbedarfs erstrecken.
- Im Verlauf von Fördervorhaben wird der Prozess der Entwicklung des Kompetenzerwerbs zu verfolgen sein.
- Nach einiger Zeit zeigt sich dann vielleicht, dass es bestimmte Schüler mit besonderem Förderbedarf gibt, z. B. mit besonderen Begabungen oder besonderen Leistungsdefiziten. Um diesen Schülern helfen zu können, müssen eventuell besondere Diagnoseformen gewählt werden.

Pädagogische Diagnostik richtet sich entsprechend auf

**Statusdiagnostik**
- das Bestimmen eines Kompetenzstatus zu einem bestimmten Zeitpunkt (Statusdiagnostik),

**Prozessdiagnostik**
- das Erfassen von Prozessen der Entwicklung des Kompetenzerwerbs (Prozessdiagnostik),

**Förderdiagnostik**
- das Bestimmen von konkretem Förderbedarf (Förderdiagnostik),

**Selektions-diagnostik**
- das Ermitteln von Schülern mit besonderer Begabung oder spezifischem Förderbedarf (Selektions- bzw. Auslesediagnostik).

## Achtung!

Link- und Literaturtipps:
- http://www.isb.bayern.de
- Kliemann (2008)
- http://www.kmk-format.de/Nawi-Diagnose.html (KMK-Beispiel für das Diagnostizieren, hier: Naturwissenschaft)

## WIE DIAGNOSTIZIEREN?

**28**

Jede Lehrkraft diagnostiziert auf die eine oder andere Weise. Geläufige Diagnoseinstrumente sind Unterrichtsgespräche, Prüfungen, Klausuren, Tests, Fragebogenabfragen oder die Überprüfung von Schulheften. Dies gilt, insoweit diese Instrumente zum Erfassen der Fähigkeiten der Schüler verwendet werden. Das derzeit häufig damit verbundene Benoten kann dem Diagnostizieren allerdings vielfach hinderlich sein.

Diagnoseinstrumente, die in neuerer Zeit zusätzlich ins Spiel gebracht werden, sind etwa die Arbeit mit Lerntagebüchern und Portfolios, Wissenserhebung mittels Mindmapping, Netzwerkmethode, Concept-Map, Strukturlegetechnik, Achrostichon, Abc-Methode.

Es wurde bislang in den Klassenzimmern bereits Diagnostik betrieben. Der neue Gedanke ist nun aber, dass Lehrkräfte und Schüler systematisch in den Blick nehmen, ob Schüler am Ende von Ausbildungsabschnitten über bestimmte Kompetenzen auf bestimmten Niveaustufen tatsächlich verfügen. Dies soll verbindlich festgestellt werden.

Dieser neue Gedanke erklärt sich aus dem Ergebnis der PISA-Studie, dass Schülern, die jahrelang auf die Schule gegangen waren, dennoch elementare Kompetenzen wie Lesen und Rechnen nachweislich fehlten und Schüler, die nachweislich viel gelernt hatten, das Gelernte in Anforderungssituationen nicht nutzen konnten.

Dem versucht man nun beizukommen. Das heißt: Auch wenn bislang vertraute Diagnoseinstrumente weiterhin verwendet werden, sollen sie mit einer neuen Zielsetzung verknüpft werden. Über jeden Einzelnen soll hinsichtlich seines Kompetenzstandes Gewissheit hergestellt werden. Die verschiedenen diagnostischen Feststellungen sollen zu einem Gesamtbild zusammengefügt werden, das Stärken und Schwächen des Schülers zeigt, sodass im Anschluss daran gezielt gefördert werden kann.

## Gleich mal ausprobieren

Halten Sie vor dem Hintergrund Ihrer eigenen Erfahrungen als Lehrkraft fest, wie Sie mit folgenden Fragen umgehen würden:

Wie kann ich möglichst viel über den Kompetenzstand meiner Schüler herausfinden?

Wie kann ich herausfinden, in welchen Kompetenzen meine Schüler besonders gefördert werden müssen?

Wie kann ich etwas über besonderen, individuellen Förderbedarf einzelner Schüler herausfinden?

Wie kann ich die Schüler dabei unterstützen, ihren jeweiligen Kompetenzstand und Förderbedarf in den Blick zu bekommen?

Vergleichen Sie Ihre eigenen Ideen dazu mit denen Ihrer Kollegen. Greifen Sie einige Diagnoseverfahren auf, die Sie bislang noch nicht genutzt haben, erproben Sie diese und tauschen Sie sich darüber mit Ihren Kollegen aus. Halten Sie fest, ob es Diagnoseverfahren gibt, mit denen Sie und Ihre Kollegen am Ende von Ausbildungsabschnitten das Kompetenzniveau Ihrer Schüler besonders gut feststellen und vergleichen können.

## DIAGNOSESITUATIONEN BESTIMMEN

# 29

Diagnostik im Zusammenhang

- mit schriftlichen Verfahren wie Klassen- und Übungsarbeiten, Tests, Fragebögen, Lückentextaufgaben, Multiple-Choice-Aufgaben und Zuordnungsaufgaben, Aufgaben mit freier Antwort, Aufsätzen, Versuchsprotokollen und Auswertungen von Versuchen (Tipp 76);
- mit mündlichen Verfahren wie Gesprächen, Interviews, Referaten, Schülerpräsentationen, mündlichen Prüfungen;
- mit Beobachtungen des Lerngeschehens bei einzelnen Schülern, einzelnen Lerngruppen und wechselnden Kooperationen;
- mit fachpraktischen Prüfungen im Sinne konkreter Anforderungssituationen wie sprachlichen, bildnerischen oder musikalischen Gestaltungsaufgaben, Experimenten, Teilnahme an Wettbewerben sowie grafischen, musikalischen, filmischen oder performativen Darbietungen.

❯ Tipp 76

### Achtung!

Unter http://www.hessen.de finden Sie auf den Seiten des Kultusministeriums (weitere Suchbegriffe „Schule", „Gymnasium",„Oberstufe") Handreichungen für die fachpraktische Prüfung in den Fächern Darstellendes Spiel, Kunst und Musik sowie Handreichungen für die mündliche Kommunikationsprüfung in den Leistungskursen der modernen Fremdsprachen.

Während die schriftlichen Verfahren meist sorgfältiger vorbereitet und ausgewertet werden können, dabei aber darauf angewiesen sind, dass Schüler die Aufgaben lesen, verstehen und ihre Antworten schriftlich korrekt ausdrücken können, ermöglichen die anderen Verfahren ein ganzheitliches Herangehen und die Berücksichtigung von Kompetenzen, die unabhängig vom schriftsprachlichen Ausdruck nachvollzogen werden können.

Schriftliche Verfahren sind leichter zu normieren und auszuwerten, geben aber möglicherweise trügerische Sicherheit bei der Einschätzung von Kompetenzen – vor allem bei der Bestimmung von Defiziten: Wenn ein Schüler eine Aufgabe richtig löst, dies richtig aufschreibt und dabei nicht täuscht, lässt sich recht sicher sagen, dass er etwas kann. Ob hingegen ein Schüler, der nichts oder etwas Falsches aufschreibt, etwas nicht kann, lässt sich nicht mit der gleichen Sicherheit feststellen. Es könnte ja sein, dass er nicht weiß, wie er die richtige Lösung ausdrücken soll; es könnte sein, dass er Angst hat und sich nicht traut, die richtige Lösung aufzuschreiben, oder er könnte sich scheuen, die richtige Lösung aufzuschreiben, weil er nicht als Streber gelten möchte.

**Schriftliche Verfahren**

Bei den nichtschriftlichen Verfahren lassen sich zwar keine normierten und standardisierten Testergebnisse gewinnen. Es kann aber oft auf einen Blick ein Eindruck von Kompetenz gewonnen werden – im Sinne eines flüssigen und stimmigen Zusammenwirkens von vielen Teilkompetenzen. So verweisen stimmige Darbietungen einer Schauspielszene, eines Musikstücks oder einer politischen Rede auf ein ganzes Cluster von Kompetenzen, die jeweils dazu erforderlich sind, auch wenn diese nicht in einem normierten Test nachgewiesen wurden.

**Nichtschriftliche Verfahren**

Es empfiehlt sich deshalb, abwechselnde, immer verschiedene Verfahren im Wechsel zu nutzen, um den tatsächlichen Kompetenzen der Schüler auf unterschiedlichen Wegen auf die Spur zu kommen.

## DEN KOMPETENZSTATUS DIAGNOSTIZIEREN

**30**

❯ Tipp 73, 75

Der Kompetenzstatus eines Schülers zu einem bestimmten Zeitpunkt lässt sich gut durch Leistungsaufgaben ermitteln (Tipp 73, 75). In der Leistungsaufgabe müssen die zu überprüfenden Kompetenzen eine erkennbare Rolle spielen. Welches Kompetenzniveau sich in der Schülerleistung zeigt, sollte möglichst anhand von Indikatoren festgestellt werden können. Das heißt: Die Lehrkraft antizipiert mögliche Schülerleistungen auf unterschiedlichen Niveaus.

Ein Beispiel: Ob mein Schüler über die Kompetenz verfügt, den Aufbau eines Experiments beschreiben zu können, kann ich daran feststellen, ob er
- wenigstens die verwendeten Geräte nennen kann, also Gerät 1, Gerät 2 etc.;
- normalerweise die Geräte nennen, ihre Zusammenstellung beschreiben und bei einigen Geräten deren Funktion für das Experiment nennen kann, also die Rohrverbindung von Gefäß 1 und Gefäß 2 oder die Position des Brenners unter Gefäß 1 etc.;
- maximal alle Geräte nennen, ihre Zusammenstellung genau beschreiben und deren Funktion im Experiment vollständig nennen kann, also die Position und die funktionale Kombination aller Geräte.

Das Bestimmen von Indikatoren schafft Verbindlichkeit und ermöglicht eine nüchterne Feststellung des Status der Schülerleistung. Durch Vorstellen und Besprechen der Indikatoren können die Schüler auch selbstständig ihren Status ermitteln und Konsequenzen ziehen. Lehrkräfte können den Förderbedarf konkretisieren und transparent machen.

# 31

Nicht immer ist im Unterrichtsalltag Zeit, alle Schüler gründlich zu diagnostizieren. Um dennoch diagnostische Einsichten zu gewinnen, kann es hilfreich sein, wenigstens einige genauer zu betrachten. Gerade in Schulklassen, die schon länger gemeinsam unterrichtet werden, lassen sich auch anhand einiger weniger Schüler schon begründete Annahmen über die gesamte Lerngruppe treffen (Tipp 67, 70). ❯ Tipp 67, 70

## Gleich mal ausprobieren

Nehmen Sie sich die Hefte, Lerntagebücher oder Portfolios von drei Schülern mit nach Hause, von deren Leistungen Sie grob den Eindruck haben, sie könnten einem unteren, mittleren und höheren Leistungsniveau entsprechen.

Werten Sie die Unterlagen gründlich aus und halten Sie Auffälligkeiten (besonders herausragende, gleichmäßige oder schwache Leistungen) fest.

Sprechen Sie anschließend mit den drei Schülern über Ihre Beobachtungen: Welche der Auffälligkeiten lassen sich auf den Unterricht zurückführen? Welche liegen in der persönlichen Situation der Schüler begründet?

Vergewissern Sie sich, ob sich Auffälligkeiten der Schülerleistungen, die Sie festgestellt haben und die Sie auf den vorherigen Unterricht in der Klasse zurückführen, auch bei den anderen Schülern feststellen lassen.

# 32

Bei der Begegnung mit einer neuen Lerngruppe oder bei der Einführung eines Unterrichtsthemas kann es wichtig werden, schnell einen Überblick über den Kompetenzstand einer Lerngruppe zu gewinnen. Üblicherweise wird man mit den Schülern ein Gespräch über dieses neue Thema führen. Wenn es ganz schnell gehen soll, sind die folgenden Methoden empfehlenswert.

**Ampelmethode**

▪ „Ampelmethode" (nach Diethelm Wahl): Antworten auf Ja-nein-Fragen und Entweder-oder-Fragen können mithilfe von grünen oder roten Karten, die in die Höhe gehalten werden, beantwortet werden. So ergibt sich sehr rasch ein Bild über den Status der Lerngruppe.

**Zielscheibe**

▪ Zielscheibe (vgl. INBAS 1999): Auf einer Zielscheibe mit ca. sechs konzentrischen Kreisen werden unterschiedliche Bewertungen zu einer Frage eingetragen. Alle Teilnehmer machen einen Punkt an die Stelle, die ihrer Einschätzung entspricht. Schnell ergibt sich ein Überblick über die verschiedenen Einschätzungen, z. B. über den Erfolg einer Lerneinheit, die Passung von Inhalten, Methoden, Verständlichkeit, Zeiteinteilung etc.

**Netzwerkmethode**

▪ Netzwerkmethode (vgl. Wahl 2001, S. 66): Die Lehrkraft bereitet ca. 20 Karten im Format DIN A5 vor, auf denen Begriffe verzeichnet sind, welche für ein neu zu erschließendes Thema wichtig sind. Die Schüler wählen eine Karte aus, zu der sie etwas sagen oder die sie erläutern können. Die Karte wird dann abgelegt und einer anderen abgelegten Karte zugeordnet. Mit der Zeit entsteht ein Netzwerk von Begriffen, welche die Schüler schon kennen. So werden Zusammenhänge zwischen den Begriffen veranschaulicht. Karten, die sie noch nicht kennen, bleiben liegen und können im weiteren Unterricht recherchiert und eingebaut werden. Vgl. auch Vier-Ecken-Diagnose (Tipp 65).

❯ Tipp 65

# 33

Kompetenzerwerb erfolgt in der Regel nicht spontan, sondern im Verlauf von Lernprozessen. Dies kann die Lehrkraft im Unterricht beobachten, wird aber damit überfordert sein, alle Lernprozesse der Schüler immer im Blick zu haben. Da der kompetenzorientierte Unterricht auf möglichst selbstständiges Lernen setzt, wobei mit Lernprozessen unterschiedlicher Geschwindigkeit und einem unterschiedlichen Rhythmus zu rechnen ist, ist zu fragen: Wie kann ich individuelle Lernprozesse im Blick behalten und diagnostisch in den Blick bekommen?

Wichtig sind dabei Lerntagebücher, Berichtshefte oder Portfolios, in denen Planungen, Materialien, Arbeitsschritte und -ergebnisse systematisch festgehalten werden, sodass Lehrkraft und Schüler sich stets ein Bild vom Lernverlauf machen können (Tipp 64).

❯ Tipp 64

Die betreffenden Unterlagen
- können von der Lehrkraft außerhalb des Unterrichtsgeschehens gesichtet und begutachtet werden;
- können von Schülern nach vereinbarten Kriterien selbst oder wechselseitig begutachtet werden.

Die jeweiligen Begutachtungen können abgeglichen werden; über die Ergebnisse kann ein Austausch im größeren Kreis erfolgen. Ferner sollten solche Lernprozesse so organisiert werden, dass zu bestimmten Zeitpunkten ein Austausch über Erfahrungen und Ergebnisse erfolgt, bei dem die Schüler den Stand ihrer Arbeit vorstellen, vergleichen und anhand von gemeinsam erarbeiteten Kriterien begutachten. Die Diagnostik erfolgt dann in Form eines Gesprächs. Die Ergebnisse fließen unmittelbar in das weitere Lerngeschehen ein.

# 34

Bei Lernaufgaben, die auf die Erstellung von Objekten, Versuchsaufbauten, Modellen oder auf ähnliche Produkte abzielen, die in einem Prozess erfunden, geplant und realisiert werden, kann man neben Lerntagebüchern auch fotografische Dokumentationen für die Diagnostik nutzen.

**Sensibilisierung für den Prozess der Produktentstehung**

Das Entstehen des betreffenden Produkts von der ersten Ideenskizze über die Materialsammlung und Werkzeugzusammenstellung bis zum Baubeginn lässt sich über die einzelnen Stadien hinweg überzeugend durch eine Serie von Fotografien dokumentieren und illustrieren. Das sensibilisiert die Schüler für den Prozess der Produktentstehung und gibt vielfältigen Anlass zur Reflexion von Gestaltungsentscheidungen und Planungsüberlegungen.

Hinsichtlich der Technik ist es wichtig, dass dabei gute Dokumentarfotografie praktiziert wird. Das Produkt sollte in den verschiedenen Stadien seiner Entstehung immer aus dem gleichen Winkel mit dem gleichen (neutralen) Hintergrund und beim gleichen Licht fotografiert werden.

## Gleich mal ausprobieren

In der Praxis des Kunstunterrichts hat es sich bewährt, wenn dazu im Unterrichtsraum eine Fotostation eingerichtet wird, die immer gleiche Aufnahmebedingungen bietet: Ein großes Tuch, das an der Wand befestigt wird und von dort über einen Tisch gelegt wird, sorgt für den neutralen Hintergrund. Markierungen auf dem Fußboden halten die Position von Lampe und Stativ fest. Schüler oder Lehrkraft fotografieren die Objekte in regelmäßigen Zeitabständen und stellen die Aufnahmen sukzessive zu einer Dokumentation zusammen.

**35**

Eine Möglichkeit, um schnell diagnostische Einsichten zu gewinnen, ist die „Diagnostik zu Fuß": Schreiben Sie sich vor einer Unterrichtsstunde, bei der die Schüler einzeln oder in Gruppen etwas erarbeiten oder herstellen sollen, auf, welche Leistungen Sie normalerweise erwarten. Gehen Sie während der Stunde herum und schauen nach, ob die Schüler so agieren und reagieren, wie Sie es sich vorgestellt hatten. In der Regel werden Sie schnell feststellen, ob die Schüler weitgehend so arbeiten wie gedacht. Sie werden sehr schnell herausfinden, wer mit dem Auftrag über- oder unterfordert ist. Wenn Sie sich notieren, wer in solchen Fällen regelmäßig von den Aufgaben über- oder unterfordert ist, dann wird das für Sie beim Planen von binnendifferenzierenden Aufgaben hilfreich sein. Aus Ihren Beobachtungen können sich außerdem Hinweise auf eine Optimierung der Lernaufgaben und Lernumgebung sowie auf die Zusammensetzung von Arbeitsgruppen ergeben (Tipp 88).

❯ Tipp 88

## NORMIERTE PRÜFUNGSAUFGABEN

**36**

Einheitliche Prüfungsaufgaben sind ein Kernelement der Arbeit mit Bildungsstandards. In den einheitlichen Prüfungsaufgaben werden die Anforderungen der Bildungsstandards illustriert und auf den Punkt gebracht. Die Art und Weise der Anforderung und die Möglichkeit, anhand solcher Aufgaben unterschiedlicher Niveaustufen nachweisen zu können, machen bildhaft klar, was Schüler im Unterricht lernen sollen. Deshalb werden diese Aufgaben besonders sorgfältig erstellt und kritisch geprüft, bevor sie zum Einsatz kommen.

Die vom IQB im Auftrag der KMK erstellten Beispielaufgaben setzen den Maßstab für diese Aufgaben. Unterlagen zu landesspezifischen Lernstandserhebungen können in den jeweiligen Bundesländern abgerufen werden.

**Achtung!**

Linktipps:
- http://www.iqb.hu-berlin.de: Aufgabenbeispiele zu Bildungsstandards und IQB-Projekte zur Aufgabenentwicklung
- http://www.iqb.hu-berlin.de/vera/2011: Aufgabenbeispiele für die Klassen 3 und 8 in den Fächern Deutsch, Mathematik, Englisch und Französisch
- www.dipf.de/de/pdf-dokumente/zdb/desi: DESI-Studie (Deutsch-Englisch-Schülerleistungen-International)

## FÖRDERDIAGNOSITIK ALS MOTOR

# 37

Förderdiagnostik richtet sich darauf aus, im Lernzirkel des Diagnostizierens und Förderns Förderchancen, Fördererfolg und Förderbedarf festzustellen. Sie ist der eigentliche Motor des Lerngeschehens im kompetenzorientierten Unterricht.

Förderdiagnostik orientiert sich an den Maßstäben, welche durch die Bildungsstandards gesetzt werden. Sie schaut auf Leistungen der Schüler und fachliches Fördern, aber auch auf Ansatzpunkte für allgemeinen Bedarf an Beratung oder Intervention (z. B. Mobbing, Gesundheit, familiäre Situation, Missbrauch). Sie nimmt jeden einzelnen Schüler in konkreten Situationen in den Blick und gibt Orientierung für die weitere Ausgestaltung des individuellen Lernweges. Häufig werden sich Lernwege gleichen; es kann aber auch sein, dass sich aus der Diagnostik besondere Erfordernisse

❯ Tipp 47, 63 ergeben (Tipp 47, 63). Zielsetzungen der Förderdiagnostik sind (vgl. http://www.iq-hessen.de):
- die subjektive Seite des Lernens zu sehen,
- in Fehlern Entwicklungsmöglichkeiten wahrzunehmen,
- Ursachen zu verstehen, Hindernisse zu erkennen, Alarmzeichen zu deuten,
- Lernverläufe zu beobachten,

- Stärken und Ressourcen zu erkennen, die es beim einzelnen Schüler und in seinem persönlichen Umfeld gibt,
- Lernfortschritte individuell zu bewerten.

Vielfach bietet es sich an, bestimmte Erkenntnisse über die Schüler einer ganzen Lerngruppe mit ausführlichen Fragebögen oder auch mit Multiple-Choice-Tests zu erheben. Was viele Lehrkräfte davon abhält, ist der enorme Aufwand, der bei der manuellen Auswertung solcher Tests betrieben werden muss. Durch technische Hilfestellungen kann dieser deutlich reduziert werden: Schüler füllen vorbereitete Fragebögen im Internet aus; die Ergebnisse werden in Tabellen und Diagrammen ausgegeben. Das können Tests sein zum Lernklima in einer Klasse, zu Methoden oder Fachkenntnissen, zum Freizeit- oder Medienverhalten etc. Für viele Befragungsthemen gibt es Textvorlagen von einschlägigen Bildungseinrichtungen (etwa bei http://www.iq.hessen.de; Suchbegriffe „Referenzrahmen", „Interne Evaluation: Fragebögen und Auswertungshilfen"). Hier finden sich Fragebögen und Fragencluster, die von Experten zusammengestellt wurden und auf die eigenen Bedürfnisse abgestimmt werden können. Die eigentliche Hürde zur automatischen Auswertung von Tests ist es nun, die Texte in ein dafür vorgesehenes Computerformat zu bringen, das es erlaubt, den Fragebogen ins Internet einzustellen, von den Schülern ausfüllen und dann automatisch auswerten zu lassen. Entsprechende Möglichkeiten bieten http://www.doodle.com (kostenlos, sehr einfache Abfragen, einfache Auswertungsroutinen) oder http://www. grafstat.de (für Personen aus dem öffentlichen Bildungsbereich kostenlos; Möglichkeit, komplexe Abfragen und anspruchsvolle Auswertungen vornehmen zu können; Schulung erforderlich). Beim Einsatz solcher Instrumente sollten sie mit Kollegen kooperieren, um den Organisationsaufwand zu minimieren.

Hilfen zur Auswertung von Tests

# 39

Reinhard Tausch verweist auf eine Vielzahl von Studien, die nachwiesen, dass Schüler sich dann besonders gut entfalten können, wenn Lehrkraft und Mitschüler ihnen Wertschätzung und Achtsamkeit entgegenbringen. Wertschätzung heißt Freundlichkeit und Verbindlichkeit, aber auch die Schüler ernst zu nehmen: ihre Anliegen, Ideen, Fehler und besonderen Qualitäten. In einem förderlichen Lernklima haben sie Spielraum, werden beim Wort genommen, es wird

❯ Tipp 70, 93

ihnen zugetraut, Leistungen zu erbringen (Tipp 70, 93): „Einfühlung (= Empathie) ist psychologisch die Fähigkeit, die seelische Befindlichkeit eines anderen zu verstehen, also zu erkennen oder zu wissen, was ein anderer fühlt, empfindet. Es ist ein Bemühen, sich die jeweiligen Gedanken, Gefühle und Signale eines anderen in einer Situation zu vergegenwärtigen, oft verbunden mit einem gewissen Mitfühlen. Achtung ist weitgehend gleichbedeutend mit Respekt, Rücksichtnahme, Wertschätzung für einen anderen und Interesse an seiner Person, häufig verbunden mit emotionaler Zuneigung/Wärme. (…) Schüler spüren die Bemühungen des Lehrers, die auf Erleichterung ihres Lernens gerichtet sind. Sie erfahren mehr Hilfen, Informationen, angemessene didaktische Aktivitäten des Lehrers zum besseren Verstehen und Arbeiten. In einem derartigen Klima, ferner bei verminderten Ängsten und Befürchtungen, sich zu blamieren, sind Denkvorgänge und sprachliche Äußerungen deutlich erleichtert. Schüler sind bereiter und motivierter, brauchbare Leistungen zu erbringen, den Lehrer nicht zu enttäuschen." (Tausch 1999, S. 38–41)

Fördern heißt, den Schülern von ihrem diagnostizierten Kompetenzstand her Entwicklungsmöglichkeiten anzubieten, gemeinsam Ziele zu setzen und zu helfen, die Ziele zu erreichen. Die Lehrkraft übernimmt dabei sowohl die Rolle eines Instrukteurs als auch eines Beraters, eines Moderators und eines praktischen Helfers (Tipp 70).

❯ Tipp 70
Lernarrangements

Lernarrangements mit Lernaufgaben und Lernumgebungen eröffnen Lernsituationen, in denen Schüler möglichst selbstständig Problemlösungen nachgehen können, in denen sie bei Bedarf in der Planung unterstützt werden, in denen sie Material und Gerät vorfinden, die sie zur Lösung der Probleme brauchen, und in denen eine Lehrkraft als Berater bereitsteht. Regelmäßig gibt es Gelegenheit, über den Stand der Arbeit zu berichten, sich auszutauschen und sich des erreichten Standes zu vergewissern. Im Anschluss an solche Lern- und Förderphasen kann der Kompetenzstand erneut diagnostisch ermittelt werden; weitere Förderperspektiven können eröffnet werden.

## DIE LEHRERROLLE ANPASSEN

41

Studien zeigen, dass Lehrkräfte meist in mehr als der Hälfte der Unterrichtszeit sprechen (vgl. H. Meyer, Unterrichtsmethoden II, S. 60 ff.). Das ist Zeit, in der die Schüler nicht sprechen, sondern still dasitzen und zuhören sollen. Empirische Studien, z. B. von D. Wahl, haben nachgewiesen, dass Inhalte, die in Vorträgen oder frontal vermittelt werden, kaum nachhaltig gelernt werden. Demgegenüber ist es nachweislich viel wirksamer, wenn sich Schüler Inhalte selbst erschließen, Methoden und Verfahren ausprobieren und über Inhalte sprechen. Der Lernpsychologe Heinz Mandl sagte in einer Diskussionsrunde auf Nachfrage, das Verhältnis von Instruktion der Lehrkraft und eigener Lernkonstruktion der Schüler solle etwa im Verhältnis 20 Prozent Instruktion zu 80 Prozent Konstruktion stehen. Das bedeutet: knappe, deutliche Erläuterungen, Aufgabenstellungen und Anweisungen der Lehrkraft sowie viel eigene Lernzeit für die Schüler.

Als Aufgaben für die Lehrkraft ergeben sich

**Organisation**

- Organisation: Einhaltung von Regeln und Vorschriften, Termine, Abläufe, Zeitplan, in Absprache mit Schülern, Kollegen, Schulleitung, Eltern;

**Instruktion**

- Instruktion: knapp und sorgfältig Aufgaben stellen, Anweisungen geben, Regeln festlegen, Sachverhalte erläutern, Informationsmaterial bereitstellen;

**Beratung**

- Beratung: Beratungsbedarf ermitteln, Beratungsmethode bestimmen, Beratung organisieren, Beratung nachhaltig anlegen (sodass sie wirklich Folgen hat);

**Moderation**

- Moderation: Gespräche moderieren, Schülerbeiträge aufnehmen, sammeln, zusammenfassen, den Gesprächsstand spiegeln, Anknüpfungspunkte für weitere Überlegungen ansprechen, zur kritischen und wertschätzenden Überprüfung von Beiträgen anleiten, zur Ergebnissicherung anleiten;

**Beurteilung und Bewertung**

- Beurteilung und Bewertung: Leistungserwartungen transparent machen, Kriterien nennen oder mit den Schülern erarbeiten, Kriterien transparent halten, Beurteilungs- und Bewertungsvorgänge transparent gestalten, dazu anleiten, selbst Beurteilungen und Bewertungen vornehmen

❭ Tipp 88, 95, 96 zu können (Tipp 88, 95, 96).

# 42

„Wenn du etwas wissen willst und es durch die Meditation nicht finden kannst, so rate ich dir, mein lieber, sinnreicher Freund, mit dem nächsten Bekannten, der dir aufstößt, darüber zu sprechen. Es braucht nicht eben ein scharf denkender Kopf zu sein, auch meine ich es nicht so, als ob du ihn darum befragen sollst: nein! Vielmehr sollst du es ihm selber allererst erzählen. Ich sehe dich zwar große Augen machen und mir antworten, man habe dir in früheren Jahren den Rat gegeben, von nichts zu sprechen als nur von Dingen, die du bereits verstehst. Damals aber sprachst du wahrscheinlich mit dem Vorwitz, ‚andere' [zu belehren], ich will, dass du aus der verständigen Absicht sprechest, ‚dich' zu belehren, und so könnten, für verschiedene Fälle verschieden, beide Klugheitsregeln vielleicht gut nebeneinander bestehen. Der Franzose sagt, l'appétit vient en mangeant [der Appetit kommt beim Essen], und dieser Erfahrungssatz bleibt wahr, wenn man ihn parodiert und sagt, l'idée vient en parlant [der Gedanke kommt beim Sprechen]." (Heinrich von Kleist: Über die allmähliche Verfertigung der Gedanken beim Reden, 1806)

Folgt man diesem Gedanken Kleists, dient bereits das bloße Sprechen über ein Problem der Problemlösung und der Konstruktion von Wissen und Verstehen. Interessant ist die Idee Kleists, dass der Sprecher beim Reden das, was er sagt, daraufhin abwägt, wie es dem Zuhörer vorkommt: Durch ein Gegenüber entsteht Ansporn, die eigenen Gedanken zu ordnen und sich verständlich auszudrücken. Erhellend ist auch seine weitere Einschätzung, dass dies nicht in Prüfungssituationen funktioniert, in denen der Prüfer bereits im Vorhinein weiß, was der Prüfling sagen soll, und dieser sich verzweifelt bemüht, ihm zu sagen, was er hören will – eine für beide Seiten peinliche und unfruchtbare Situation. Kompetenzorientierter Unterricht setzt auf das selbstständige Nachdenken der Schüler. Auch bei Unterrichtsgesprächen kommen die Gedanken beim Reden. Es wird

Die Gedanken kommen beim Sprechen

nachgedacht über Beobachtungen, eigene Empfindungen, Argumente, Einschätzungen und Urteile. Viele Gesprächsgegenstände bewegen sich auf einem schmalen Grat zwischen der Darstellung subjektiver Wahrnehmungen und Eindrücke sowie dem Erläutern subjektiver Einschätzungen einerseits und andererseits dem Versuch, Erscheinungen und Beurteilungen zu objektivieren, Kontexte richtig zu verstehen und schlüssige, nachvollziehbare Deutungen vorzunehmen.

**Die Rolle des Lehrers als Gesprächsmoderator**

Bei Gesprächen, in deren Verlauf die Gedanken beim Sprechen kommen, besteht die Rolle der Gesprächsleitung darin,

- den Gesprächsverlauf zu verfolgen und sich weitgehend zurückzuhalten,
- dafür zu sorgen, dass die Schüler ungestört zu Wort kommen,
- die unterschiedlichen Äußerungen und Erläuterungsstränge (für sich) zu sammeln und nach einer gewissen Zeit zu spiegeln (kurze Zusammenfassung des Gesagten, der Zusammenhänge und Argumentationslinien, der unterschiedlichen Positionen, der offenen Fragen, der Widersprüche oder Bruchlinien der Mutmaßungen, Beweise und Hypothesen), um so für alle Gesprächsteilnehmer den roten Faden sichtbar zu machen und Anknüpfungspunkte für das weitere Gespräch in den Raum zu stellen.

Es geht darum, Impulse zu geben durch Zuspitzung, durch Nachhaken, durch Einbringen von Zusatzinformationen – und schließlich dafür zu sorgen, dass Gesprächsergebnisse festgehalten werden, wie z. B. Problemlösungen, Regeln, Kriterien, Deutungen, aber auch Hypothesen und offene Fragen, denen im weiteren Unterricht nachgegangen wird.

# 43

Gespräche, in denen Schüler eigene Gedanken äußern, selbst auf Ideen kommen und sich darüber mit anderen austauschen sollen, bedürfen eines aktivierenden Gesprächsgegenstandes. Derartige Gespräche geben Hinweise für vertiefende Diagnostik, wirken aber auch unmittelbar förderlich.

Voraussetzung für gelingende Gespräche ist Angstfreiheit, Vertrauen in das Einhalten von Gesprächsregeln, die Erwartung, dass das Gespräch produktiv sein kann, Problembewusstsein, die Präsenz des Gesprächsgegenstandes, die Verfügbarkeit von Vokabular und hilfreichen Formulierungen, z. B. vorbereitet durch Partnergespräch oder Murmelrunde und festgehalten etwa auf Notizzetteln oder in Notizheften. Entscheidend für das Gelingen eines moderierten Gesprächs ist der Gesprächsanlass. Bei seiner Auswahl ist es sinnvoll, das Prinzip der Problemorientierung zu berücksichtigen (Tipp 25). Wenn der Gesprächsgegenstand ergiebig ist und einen echten Anreiz zum Sprechen und zum Entwickeln von Gedanken in sich trägt, ist er den Gesprächsteilnehmern nicht gleichgültig. Nur wenn Offenheit gegenüber unterschiedlichen Herangehensweisen, Einschätzungen und Beurteilungen der Schüler herrscht, kann sich ein angeregtes und ertragreiches Gespräch entfalten, bei dem die Schüler ihre individuelle Vorstellungswelt und ihr individuelles Kompetenzprofil erweitern.

Wie ein moderiertes Gespräch gelingt

❯ Tipp 25

Der Moderator sollte über den Gesprächsgegenstand vorab sehr gut informiert sein (Tipp 88). Dies hilft ihm dabei, den Gesprächsverlauf mitzuverfolgen, Schülerbeiträge zu sammeln und einzuordnen sowie den Zwischenstand und den Ertrag von Gesprächen festzuhalten. Das moderierte Gespräch wird misslingen, wenn die Lehrkraft es lediglich als Instrument zur Vermittlung von Wissen versteht und nicht als Prozess, der seinen Bildungswert in sich trägt.

❯ Tipp 88

# 44

Beratung richtet sich nicht lediglich auf Krisenintervention. Beratung meint vielmehr einen Prozess der Verdeutlichung von Lernbedarf, Lernwegen und Lernmethoden. Der Schüler selbst steht dabei im Zentrum und soll die eigenen Wahrnehmungen über sein Lernen, seine persönlichen Ziele und Einstellungen mit den Anforderungen, die in der Schule an ihn gestellt werden, in Zusammenhang bringen (Tipp 64). Beratung bedeutet dann einen Dialog, der von Einschätzungen und Empfindungen des Schülers ausgeht, konkrete Handlungsperspektiven erwägt und in einen gut durchdachten Plan mündet, wie es weitergehen kann.

**❯ Tipp 64**

**Elemente von Beratung**

Dreibholz/Koehler (2008) listen folgende Elemente von Beratung auf: Schülerselbsteinschätzung, Schüler-Lehrer-Eltern-Gespräch, individueller Entwicklungs- oder Förderplan oder ein Lernvertrag.

Gliederung der Lernberatung in Phasen:
1. Verbalisierung konkreter Ziele/angestrebter Leistungsergebnisse;
2. Auswahl und Festlegung geeigneter Strategien;
3. Selbstbeobachtung und Aufzeichnung des eigenen Lernverhaltens und der begleitenden Gefühle;
4. Bilanzierung mit den an der Lernberatung Beteiligten;
5. Formulierung nächster Schritte.

Begleitend empfehlen Dreibholz/Koehler ein Logbuch als Aufgabenheft mit Kommentar, wie die Aufgaben erledigt werden, ein Lerntagebuch für Kommentare zum Unterricht und zu den gestellten Anforderungen sowie ein Portfolio als Dokumentation der persönlichen Auseinandersetzung mit einem Lerngegenstand.

# 45

Manfred Spitzer berichtet von einer US-Studie unter Siebt-klässlern (Spitzer 2010, S. 158 ff.). Hier sollte die Wirksam-keit einer positiven Einstellung gegenüber sich selbst unter-sucht werden. Problem: Zuvor war die Frage aufgeworfen worden, inwieweit Gruppenstereotype z. B. afroamerikani-scher Schüler deren Lernerfolg berühren könnten. Die groß angelegte Studie (drei Feldexperimente mit 416 Schülern in drei aufeinanderfolgenden Jahrgängen) teilte die Schüler in zwei Gruppen, die in einem Jahr viermal je 15 Minuten lang schriftlich befragt wurden, was einen Aufwand von 60 Mi-nuten im Schuljahr ergab. Beide Schülergruppen bekamen eine Liste (siehe unten). Die Anweisung dazu lautete: „Kon-zentriere dich auf deine Gedanken und Gefühle und mache dir über Rechtschreibung, Grammatik oder wie das Ganze geschrieben ist keine Sorgen."

Die eine Gruppe erhielt folgenden Auftrag dazu: „Warum hat der ausgewählte Wert für dich eine große Bedeutung? Was möchtest du tun, damit du dieses Ziel in der nächsten Zeit auch erreichst?"

Die Vergleichsgruppe erhielt folgenden Auftrag: „Suche dir den Wert heraus, der dich am wenigsten interessiert. Schrei-be auf, warum sich ein anderer Schüler wohl dafür interes-siert und was dieser Schüler zu tun gedenkt, um seine Zie-le zu erreichen."

Das heißt: Eine Gruppe wurde nach eigenen Vorstellungen gefragt und wie diese erreicht werden können, die andere aber nach den Wünschen Dritter und deren möglicher Stra-tegien. Die Wissenschaftler beobachteten dann, wie sich die Noten der beiden Gruppen im Laufe von zwei Jahren (in der siebten und achten Klasse) entwickelten. Das kaum glaubliche Ergebnis war, dass die Schüler aus der ersten Gruppe im ersten Jahr im Schnitt um eine halbe und im zweiten Jahr um eine ganze Note besser abschnitten (Skala von 0 bis 4) als die Schüler der Vergleichsgruppe. Bei afro-amerikanischen Schülern war der Unterschied noch größer. Außerdem sank der Anteil der Sitzenbleiber unter den Schülern der ersten Gruppe auf sechs Prozent, der Anteil der Vergleichsgruppe stieg hingegen auf 18 Prozent.

Bei Spitzer (2010, S. 163) heißt es hierzu: „Die Studie von Cohen belegt damit die Bedeutung von positiven, selbstbejahenden Erlebnissen ganz allgemein und zeigt, wie schädlich zwanghaftes Herumreiten auf den Schwächen junger Menschen ist: Wer immer nur erfährt, was er nicht kann, der wird langfristig nicht das Vertrauen zu sich selber aufbauen, das er braucht, um auch komplizierte Situationen und Anforderungen zu meistern." (Tipp 93)

❯ Tipp 93

## Gleich mal ausprobieren

Wähle aus der Liste den für dich wichtigsten Punkt aus und schreibe dazu einen kurzen Text. Konzentriere dich auf deine Gedanken und Gefühle und mache dir über Rechtschreibung, Grammatik oder wie das Ganze geschrieben ist keine Sorgen.

Warum hat der ausgewählte Wert für dich eine große Bedeutung? Was möchtest du tun, damit du dieses Ziel in der nächsten Zeit auch erreichst?

Deine Ideen, deine Meinungen und dein Leben

- Sportliche Fähigkeiten
- Künstlerische Fähigkeiten
- Schlau sein und gute Noten haben
- Kreativ sein
- Unabhängig sein
- Im gegenwärtigen Moment leben
- Teil einer Gruppe zu sein (Klasse, Schulclub)
- Musik
- Politik
- Beziehung zu Freunden oder Familie
- Religiöse Werte
- Sinn für Humor

# 46

Die Instruktion bezieht sich auf Lerninhalte, die sich der Lernende im Unterrichtsprozess nicht selbst erschließen kann. Diese Inhalte werden sinnvollerweise als Instruktion in übersichtlicher Form durch einen Sachkundigen vermittelt. Das geschieht ausdrücklich mit dem Ziel, die Schüler in die Lage zu versetzen, selbsttätig aktiv zu werden und klare, verlässliche Strukturen anzubieten (Tipp 79).

❯Tipp 79

Insofern leistet das Instruieren einen wichtigen Beitrag zur Förderung des selbstständigen Problemlösens der Schüler. Gemeinsame Absprachen und Vereinbarungen können die Wirksamkeit und Verbindlichkeit von Instruktionen ebenfalls fördern. Inhalte von Instruktionen können sein: Vorgaben, Regeln, Anweisungen, deren langwierige Erarbeitung und Erörterung vom eigentlichen Lerngegenstand wegführt. Diese Inhalte unterscheiden sich im Grad ihrer Festlegung. Während Rechtsvorschriften auch von den kreativsten Lerngruppen nicht so einfach abzuändern sind, können Spielregeln oder Lösungswege durchaus variiert werden. Wird das von der Lerngruppe geleistet, ist dies ein erster Schritt hin zu einer systematischen Selbststeuerung durch verbindliche Vereinbarungen.

Inhalte von Instruktionen

Die verschiedenen Zielsetzungen der Instruktion werden durch unterschiedliche Vermittlungsformen umgesetzt, z. B. Lehrervortrag, Arbeitsblatt oder Tutorial. Der Lernpsychologe Ernst Mandl empfiehlt, den Anteil der Instruktion im Unterricht auf ca. 20 Prozent zu beschränken, um genügend Zeit für die Konstruktion eigenen Wissens der Schüler freizuhalten.

# 47

Mithilfe der pädagogischen Diagnostik lässt sich der Kompetenzstand der Schüler an Anforderungen der Bildungsstandards messen. Aus Stärken und Schwächen, die sich dabei zeigen, lassen sich Förderanliegen ableiten. Durch eine regelmäßige Abfolge von Fördermaßnahmen und diagnostischen Feststellungen, aus denen wiederum Förderanliegen folgen, lässt sich ein „Förderkreislauf", auch „Förderzirkel" oder „Förderspirale" genannt, entwickeln. Durch diese Spirale lässt sich das Prinzip des kompetenzorientierten Lernens mithilfe von Bildungsstandards gleichermaßen planen, strukturieren und illustrieren: Im Wechsel von Diagnostizieren und differenziertem Fördern werden weitergehende Kompetenzen erworben (Tipp 63).

❯ Tipp 63

## Gleich mal ausprobieren

Sicher haben Sie in Ihrem Unterricht auch schon einmal so etwas wie einen Förderkreislauf verfolgt, vielleicht im Zusammenhang mit der Vorbereitung einer Klausur? Rekonstruieren Sie Ihr eigenes Vorgehen als Förderkreislauf.

1. Sie möchten die Schüler bis zur nächsten Klausur in folgenden Kompetenzen fördern: ...
2. Das machen Sie auf folgende Weise transparent: ...
3. Sie steigen mit folgender Lernaufgabe ein: ...
4. Ergebnisse der Lernaufgabe auswerten und sichern: ...
5. Feststellen, ob die Schüler alles verstanden haben: ...
6. Vor der eigentlichen Klausur gibt es eine Probeaufgabe: ...
7. So wird das Ergebnis der Probeaufgabe ausgewertet: ...
8. So wird sichergestellt, dass die Schüler gemäß ihrem Kompetenzstand festhalten, worauf sie bei der Klausur achten und was sie noch üben müssen: ...
9. Ergebnisse der Klausur transparent machen: ...

Überlegen Sie abschließend, an welchen Stellen Sie Ihr eigenes Modell optimieren können.

## SCHÜLERTYPEN DIFFERENZIEREN

# 48

Das binnendifferenzierende Fördern antwortet auf unterschiedliche Lernvoraussetzungen, wie beispielsweise verschiedene Lernertypen, unterschiedlichen Lernstand, unterschiedliche Motivationslage und unterschiedliches Lerntempo. Verschaffen Sie sich Klarheit über die Unterschiedlichkeit Ihrer Schüler.

▪ Nehmen Sie unterschiedliche Lerndispositionen Ihrer **Lerndisposition**
Schüler in den Blick, z. B. Lernen durch Arbeit mit Texten,
mit Bildern, in performativen, explorativen oder hand-
lungsorientiert-experimentellen Erschließungsformen
(Stationenlernen oder Lerntheke).

▪ Berücksichtigen Sie unterschiedliche Lernertypen, z. B. **Lernertyp**
nach Kolb (1984): Der *Accomodator* beschafft Ressourcen
und führt Lösungen aus; der *Converger* testet Theorien
und löst Probleme; der *Diverger* bearbeitet Alternativen
und führt Lösungen aus; der *Assimilator* formuliert Theorien und definiert Probleme.

▪ Verschaffen Sie sich Klarheit über den individuellen Ent- **Entwicklungsstand**
wicklungsstand.

▪ Beobachten Sie Unterschiede beim Lerntempo. **Lerntempo**

## LERNAUFGABEN

# 49

Lernaufgaben sollen die vielschichtigen Zielsetzungen kompetenzorientierten Unterrichts berücksichtigen. Sie erreichen die Schüler durch Aktivierung, z. B. durch Aktualität oder mittels Problemorientierung.

▪ Sie stellen die Schüler vor Anforderungssituationen, zu
deren Bewältigung sie Kompetenzen einsetzen oder Kompetenzen erwerben müssen.

▪ Sie lassen den Schülern Spielraum für die Entfaltung eigener Kompetenzen, zum Lernen aus eigenen Fehlern.

▪ Sie geben Gelegenheit zur selbstständigen Beurteilung
der Arbeitsergebnisse (Tipp 80, 81).                    ❯ Tipp 80, 81

**Achtung!**

Beispiele für kompetenzorientierte Lernaufgaben finden sich auf den Homepages mehrerer involvierter Institutionen.

Linktipps:
- http://www.kmk-format.de
- http://www.iqb.hu-berlin.de/bista/aufbsp
- http://www.standardsicherung.schulministerium. nrw.de
- http://www.isb.bayern.de (Suchbegriffe: „Vergleichsarbeiten", „Prüfungen")
- http://www.iq.hessen.de (Suchbegriffe: „Standardsicherung", „Bildungsstandards", „Leitfäden nach Fächern")
- http://www.sinus-transfer.uni-bayreuth.de/module (Programm zur Steigerung der Effizienz des mathematisch-naturwissenschaftlichen Unterrichts)

## BINNENDIFFERENZIERT PLANEN

**50**

❯ Tipp 67, 87

Planen Sie vor dem Hintergrund Ihrer Einschätzung der Unterschiedlichkeit Ihrer Schüler differenzierte Förderangebote (Tipp 67, 87).

Didaktische Differenzierungsmöglichkeiten:
- Bereitstellen von Lernaufgaben mit unterschiedlichem Schwierigkeitsgrad: Die Schüler bearbeiten die Aufgaben oder einzelne Aufgabenschritte, die ihr Leistungsniveau zulässt.
- Bereitstellen von Lernaufgaben mit unterschiedlichem Thema, aber gleichem Schwierigkeitsgrad: Die Schüler wählen diejenige Lernaufgabe, die sie am meisten anspricht, die sie selbst bevorzugen, die ihrem Weltwissen am besten entspricht, bei deren Erarbeitung sie Synergien nutzen können.

Arbeitsorganisatorische Differenzierungsmöglichkeiten:

- Zusammenstellen von Arbeitsgruppen mit homogenem Leistungsniveau und gleichem Lerntempo, um passive, lernschwache Schüler aus der Reserve zu locken und leistungsstarke Schüler herauszufordern.
- Zusammenstellen von Arbeitsgruppen mit Mitgliedern unterschiedlicher Leistungsniveaus, um das Prinzip Lernen durch Lehren zu nutzen.
- Zusammenstellen von Arbeitsgruppen mit gleichem thematischem Interesse (Gruppeneinteilung nach Themen, z. B.: Schüler ordnen sich Themen zu, die dann gemeinsam bearbeitet werden), um die besondere Aktivierung als Motor des Lernens zu nutzen.
- Staffelung der Bearbeitungsschritte von Aufgaben, wobei verschiedene Schülergruppen sukzessive Teilergebnisse zusammenbringen (Think-Pair-Share, Expertenpuzzle, Lerntempoduett), die im Nachhinein zusammengetragen und zu einem Gesamtergebnis zusammengefügt werden.

## LERNUMGEBUNGEN GESTALTEN

# 51

Damit die Schüler in ihrer Selbstständigkeit gefördert werden können, brauchen sie eine geeignete Lernumgebung. Abhängig von der Art der Lernaufgabe müssen alle nötigen Materialien, Informationsquellen und Werkzeuge verfügbar sein, der Raum und die Arbeitsplätze müssen ausreichen; für unterschiedliche Arbeitssituationen müssen Sitzordnung und Mobiliar flexibel angeordnet werden können (Tipp 83).

❯ Tipp 83

Besonders empfehlenswert ist die Verwendung von Computern (am besten Laptops), da sie hinsichtlich Zugriff auf Informationen und Bearbeitungsmöglichkeiten den größten Spielraum bieten. Flexible Lernumgebungen helfen dabei, unterschiedliche Lernwege zu eröffnen und zu erproben; sie demonstrieren den Schülern Methodenvielfalt und inspirieren beim Erschließen eigener Lern- und Arbeitsstrategien.

## Gleich mal ausprobieren

**1.** Stellen Sie Ihren Schülern eine Lernaufgabe vor. Erörtern Sie gemeinsam, wie eine Lernumgebung dafür aussehen müsste. Setzen Sie die Ideen der Schüler um, die sich unter den Voraussetzungen vor Ort realisieren lassen.

**2.** Stellen Sie Ihren Schülern eine Lernaufgabe vor. Beauftragen Sie die Schülergruppen damit (z. B. im Rahmen einer Hausaufgabe), alles selbst mitzubringen, was sie zur Lösung der Aufgabe brauchen. Die Schüler sollen eine eigene Lernumgebung oder „Forscherwerkstatt" aufbauen. Der Effekt wird nicht nur sein, dass die Schüler alles Nötige mitbringen, sondern auch, dass sie mögliche Arbeitsschritte antizipieren und bereits beim Zusammenstellen der Lernumgebung über den Lerngegenstand nachdenken.

## LERNTEMPOUNTERSCHIEDE BEACHTEN

# 52

Diethelm Wahl (2006) wies in Studien nach, dass mit enormen Lerntempounterschieden zu rechnen ist. Im Unterschied zur Einschätzung von Lehrkräften, die einen Lerntempounterschied des Faktors 2 für normal hielten, ermittelte er in durchschnittlichen Lerngruppen Lerntempounterschiede des Faktors 9. Durchaus üblich sind aber auch doppelt so hohe Werte.

*Folgen für die Unterrichtsorganisation*

Für die Unterrichtsorganisation muss diese Erkenntnis Folgen haben. Die Elemente von Lernaufgaben, welche Schüler unbedingt bearbeiten müssen, um in Minimalstandards gefördert werden zu können, müssen so ausgelegt sein, dass viel Zeit für die Bearbeitung zur Verfügung steht. Elemente von Lernaufgaben, die über Minimalanforderungen hinausgehen und Schüler binnendifferenziert aktivieren, können ❯ Tipp 67, 86 deutlich aufwändiger angelegt sein (Tipp 67, 86).

Beispielrechnung zu einer Lernaufgabe, die in einer Doppelstunde bearbeitet werden soll: Der Anteil einer Lernaufgabe, der zur Einlösung des Mindeststandards als minimalem Förderziel bearbeitet werden muss, sollte so angelegt sein, dass die Aufgabe in 90 Minuten auch von den langsamsten Schülern bewältigt werden kann. Die schnellsten Schüler werden vielleicht schon nach neun Minuten fertig sein. Für diese Schüler müssen also in der Aufgabe Vertiefungsmöglichkeiten liegen, denen sie in der ihnen verbleibenden Lernzeit von 80 Minuten nachgehen können.

## Achtung!

Entweder werden die Lernaufgaben so gestaffelt, dass die Schüler sie in mehreren Schritten bearbeiten, wobei der erste Schritt derjenige ist, der dabei hilft, Minimalkompetenzen zu fördern (Beispiel: Lerntheke mit gestaffelten Teilaufgaben). Die zweite Möglichkeit: Es werden verschiedene Lernaufgaben unterschiedlicher Schwierigkeitsgrade zur Wahl gestellt; dabei müssen die Schüler entweder Gelegenheit bekommen, die Wahlaufgaben durchzusehen und die für sie geeignete frei auszuwählen, oder die Lehrkraft ordnet die Lernaufgaben nach Schwierigkeitsgrad und erläutert die zu erwartenden Anforderungen. Die Schwierigkeitsgrade können durch unterschiedlichen Differenzierungsgrad der Arbeitsaufträge oder durch unterschiedlich anspruchsvolle Lerngegenstände angepasst werden.

Beispiel einer Bildanalyse mit Staffelung unterschiedlich anspruchsvoller Anteile einer Lernaufgabe:

1. Aufgabenanteile bezogen auf eine Minimalanforderung: Beschreiben, was auf dem Bild zu sehen ist. – Beschreiben des Eindrucks, den das Bild auf den Betrachter macht. – Ansatzweise die Gestaltungsmittel erläutern, welche diese Wirkung hervorrufen.
2. Zusätzlicher Aufgabenanteil für eine Normalanforderung: Vollständiges Erläutern der Gestaltungsmittel, welche diese Wirkung hervorrufen. – Deutungshypothesen zur Art und Weise der Darstellung.
3. Zusätzlicher Aufgabenanteil für eine Maximalanforderung: Interpretieren des Bildes unter Berücksichtigung eines Textes über die Kultur der Epoche, aus der es stammt.

# 53

In einem engeren Verständnis von Kompetenzorientierung vermitteln strukturierte Unterrichtsprozesse Teilkompetenzen aus verschiedenen Kompetenzbereichen eines Faches durch die systematische Vermittlung von Kenntnissen und Fertigkeiten. Fragend-entwickelnde Erarbeitungsphasen oder Instruktionsphasen werden mit einem Set von geeigneten binnendifferenzierten mündlichen oder schriftlichen Erarbeitungs-, Übungs- und Anwendungsaufgaben zu einem systematischen Phasenablauf für unterschiedliche Lernerbedürfnisse verknüpft.

Josef Leisen (2010) unterscheidet diesen kompetenzangereicherten, von der Lehrkraft strukturierten und gesteuerten Unterricht von einem kompetenzorientierten Unterricht
❯ Tipp 78
(Tipp 78), der ein realitätsnahes Problem bearbeitet und auf ein Lernprodukt abzielt, das eine Problemlösung enthält. Für Annemarie von der Groeben/Kaiser (2011, S. 74) gehen die strukturierten Lehrgänge zur Kompetenzvermittlung oft von einem zu eng gefassten Kompetenzverständnis aus, das nicht zugleich anspruchsvolle, leitende Bildungsziele im Sinne von Klafkis „Bildung als Befähigung zur vernünftigen Selbstbestimmung" (Klafki 1991, S. 19) verfolgt. Dieser Lehrgangscharakter, in vielen Fächern durch die aktuellen standardorientierten Lehrwerke repräsentiert, lässt sich, verknüpft mit Methodenlernen und den bekannten, schülerzentrierten Unterrichtsformen, durchaus für die Anbahnung von Kompetenz in einem eingegrenzten fachlichen Bereich sowie für die Entwicklung überfachlicher Fähigkeiten nutzen. Eine sorgfältige Bestimmung der für die Bewältigung der angebotenen Aufgabenformate benötigten fachlichen und überfachlichen Teilkompetenzen und die Einbeziehung von Diagnose- und Förderansätzen sind jedoch unerlässlich, wenn systematisches und individuelles Lernen miteinander verbunden werden sollen. Ob die so Unterrichteten kompetent sind, zeigt sich allerdings erst bei der selbstständigen Bewältigung von komplexen, realitätsnahen Situationen.

**Um die Ecke gedacht**

„Es ist nicht genug, zu wissen, man muss auch anwenden; es ist nicht genug, zu wollen, man muss auch tun."
(Johann Wolfgang von Goethe: Wilhelm Meisters Wanderjahre, 3. Buch, 18. Kapitel)

## BEWÄHRTE UNTERRICHTSKONZEPTIONEN WEITERENTWICKELN

# 54

Sie können die individuelle Kompetenzentwicklung Ihrer Schüler in vielen bewährten Unterrichtskonzeptionen, in denen einzelne Lernphasen funktional aufeinanderfolgen, durch eine entsprechende Aufgabenkultur, die verstärkte Berücksichtigung der Elemente Diagnose und Förderung, gezielt ausgewählte kooperative Lernformen und die Entwicklung von Helfersystemen in der Lerngruppe unterstützen. Die Konzeption einer die Lernerkompetenzen systematisch erweiternden Unterrichtseinheit kann sich dabei an der Vorstellung eines Förderkreislaufs (Tipp 6, 47) nach Zaugg oder Keiner/Krause-Gäth/Priemer (2010) orientieren.

❯Tipp 6, 47

Formen der Individualisierung, Erhöhung der Schülerselbsttätigkeit, Elemente der Selbstkontrolle und Metakognition ermöglichen es, die Lernprozesse für die Lernenden bewusster und nachhaltiger zu gestalten und ihnen an den konkreten Fachinhalten das Lernen des Lernens zu ermöglichen. Sie können Ihre erprobte Unterrichtspraxis und Ihre Arbeit mit Lehrwerken so in einem Lernarrangement ergänzen und erweitern, dass eine individuelle, standardorientierte Kompetenzentwicklung ermöglicht wird (Tipp 53, 77).

❯Tipp 53, 77

Vgl. auch die Hinweise, wie der Unterricht durch Lernaufgabensteuerung in Richtung eines systematischen Kompetenzaufbaus weiterentwickelt werden kann (Tipp 78, 79).

❯Tipp 78, 79

## Gleich mal ausprobieren

Wenn Sie Unterricht als Förderkreislauf konzipieren wollen, helfen Ihnen schematische Darstellungen des Phasenablaufs. Zwei Varianten finden Sie unter:

- http://www.elc.bildung.hessen.de/repository/fortbildung/pdo/modul_diag_foe/inhalt/foerdern/unt/index/html
- http://www.fritz-zaugg.com/Ausser/Lern_Foerderkreis.pdf
- http://www.afl.hessen.de/irj/AfL_Internet?uid=b9e70311-ad5b-d411-1010-43bf5aa60dfa

## KOMPETENZANGEREICHERT UNTERRICHTEN

# 55

> Tipp 63–65

Viele von Ihnen erprobte Unterrichtsformen, die das selbstständige Lernen fördern, lassen sich in einem systematischen Förderkreislauf (Tipp 63–65) im Rahmen einer Unterrichtseinheit auf die gezielte Erweiterung von Kompetenzen ausrichten, wenn Sie beachten, dass Kompetenzen nicht wie etwa Wissen vermittelt werden können, sondern individuell und selbsttätig über Aufgabenstellungen erworben werden müssen. Unterrichtsformen wie Stationenarbeit, Arbeit mit einem Wochenplan oder einer Lerntheke, kooperative Lernformen wie das Expertenpuzzle ermöglichen aufgabengesteuerte, individualisierte Lern-

> Tipp 67

prozesse (Tipp 67). Dabei sollten Sie berücksichtigen:

- Die Auswahl der fachlich-inhaltlichen Kompetenzziele aus einem Kompetenzbereich der Bildungsstandards und der damit zu verknüpfenden fachübergreifenden Kompetenzen sollte sich immer am didaktischen Potenzial des gewählten Themas orientieren – oder die Wahl des Inhalts an den angestrebten Kompetenzerweiterungen.

> Tipp 36, 50

> Tipp 37

- Mithilfe eines differenzierten Erarbeitungs-, Diagnose- und Übungsaufgabenangebots (Tipp 36, 50) erwerben die Lernenden kumulativ Fertigkeiten und Kenntnisse für die nachfolgende Bewältigung komplexerer Anwendungsaufgaben (Tipp 37) in einem möglichst selbstständigen Arbeitsprozess.

- Sie bilden dabei kumulativ die Teilkompetenzen aus, die sie im Anschluss zur Lösung von komplexen Problemaufgaben (Tipp 80) in einem Kontext oder zur Bewältigung von Realsituationen (Tipp 79) benötigen.

❯ Tipp 80
❯ Tipp 79

Dieses Aufgabencurriculum erfordert die Weiterentwicklung der fachspezifischen Aufgabenkultur.

## Achtung!

Aufgabenstellungen im kompetenzangereicherten Unterricht können durchaus den Aufgaben im herkömmlichen, lernzielorientierten Unterricht gleichen. Sie sollten allerdings systematisch auf problemhaltige Anwendungssituationen oder offene, kreative Aufgaben vorbereiten und den Lernenden die jeweils zu erwerbende Teilkompetenz bewusstmachen. Dazu kann eine Art Kompetenzraster oder Lernspiegel (Tipp 66) dienen.

❯ Tipp 66

## Gleich mal ausprobieren

Nach einer systematischen Einführung in das neue Themengebiet und die damit verbundenen Fragestellungen und Wissensvoraussetzungen erarbeiten die Lernenden an geeigneten Aufgabenstellungen und Materialien selbsttätig die benötigten fachlichen Kenntnisse und Fertigkeiten. Sie präsentieren ihre Ergebnisse, die im Plenum oder in Teilgruppen überprüft und korrigiert werden. Anschließend wenden sie ihre Kenntnisse in einer Problemaufgabe an, in der sie weitere Kompetenzen, wie z. B. die Argumentationskompetenz sowie die Urteils- und Bewertungskompetenz, ausbilden können.

Ein Beispiel aus der Physik: Die Lernenden erarbeiten arbeitsteilig die Funktionsweise unterschiedlicher Kraftwerke. Im Anschluss erörtern sie im Rahmen einer Podiumsdiskussion, welche Kraftwerkstypen unter den Gesichtspunkten Wirkungsgrad, Wirtschaftlichkeit und Nachhaltigkeit für die zukünftige Energieversorgung politisch unterstützt werden sollten.

# 56

❯ Tipp 53

Bei der Planung einer kompetenzangereicherten, aufgaben-orientierten Unterrichtseinheit (Tipp 53) ist ein systematisches Vorgehen vor Beginn der Einheit erforderlich. Die „Rückwärtsplanung" geht von der Frage aus, was die Lernenden am Ende der Einheit besser handelnd bewältigen können sollen und welche Haltungen bzw. Einstellungen

❯ Tipp 10

(Motivation, Volition etc., vgl. Eisberg in Tipp 10) dafür wichtig sind. Dazu prüfen Sie,

- welche fachlichen, methodischen und überfachlichen (Teil-)Kompetenzen für dieses kompetente Handeln benötigt werden,

❯ Tipp 31, 32

- über welche ihre Schüler bereits verfügen (Tipp 31, 32),
- welche der im Lehrwerk angebotenen Inhalte und Aufgabenformate für den Erwerb oder die Erweiterung der ausgewählten Teilkompetenzen geeignet sind, welche weniger,
- welches Weltwissen und welches fachliche Wissen für die Bearbeitung des Materials und die Bewältigung der Aufgabenstellungen notwendig sind, in dieser Lerngruppe vorausgesetzt werden können oder im Rahmen der Unterrichteinheit neu erworben werden müssen,
- an welche Einstellungen und Interessen Ihrer Schüler Sie anknüpfen können.

Darauf folgt Ihre Schwerpunktsetzung für die Unterrichtseinheit: Welche(r) Kompetenzbereich(e) stehen im Zentrum? Diese didaktischen und diagnostischen Vorüberlegungen ermöglichen Ihnen die Auswahl oder Konstruktion eines für die Lerngruppe passgenauen Angebots an Lern-, Übungs- oder Anwendungsaufgaben.

## Um die Ecke gedacht

Die aktuelle empirische Unterrichtsforschung zur Wirksamkeit von Unterrichtsprozessen bestätigt, wie der kanadische Bildungsforscher John A. C. Hattie (2009, S.252) in

seiner Metastudie zeigen konnte, dass Unterrichtswirk-
samkeit von der Wahrnehmung der Lernbedürfnisse ab-
hängt: „If the teacher's lens can be changed to seeing learning through the eyes of students, this would be an
excellent beginning."

## Achtung!

Nicht alle Kompetenzbereiche oder überfachlichen Kompetenzen werden in einer Unterrichtseinheit berücksichtigt. Setzen Sie die Schwerpunkte so, dass sie mit den fachlichen Inhalten vereinbar sind. Lehrwerke bieten meist
einen didaktisch stimmigen Lehrgang an. Prüfen Sie, ob
das Aufgabenangebot die Anbahnung bestimmter fach-
spezifischer Kompetenzen bereits nahelegt oder wichtige
Kompetenzen zu wenig berücksichtigt. So sind in den bisherigen Lehrwerken die Kompetenzbereiche „Kommu-
nizieren/Argumentieren" und „Urteilen/Bewerten" im
Aufgabenangebot nichtsprachlicher Fächer noch unterre-
präsentiert. Überfachliche Kompetenzen sind zwar häufig
in den Arbeitsanweisungen impliziert, wenn Arbeitsformen oder Vorgehensweisen vorgeschlagen werden. Sie
beschränken sich bisher jedoch meist auf die Bereiche Sozialkompetenz (kooperatives Lernen) und Methodenkompetenz.

## Gleich mal ausprobieren

Planungshilfe für eine kompetenzerweiternde Unterrichtseinheit: Webcode KU233342-001

❯ Webcode

# 57

Die Planung einer kompetenzangereicherten Unterrichtseinheit wird durch systematische Planungsschritte erleichtert. Diese verhindern, dass, wie häufig in einer auf Einzelstunden bezogenen Planung, eine erkennbare horizontale und vertikale Vernetzung der Teilkompetenzen misslingt, die Zusammenhänge für die Lernenden nicht mehr sichtbar sind oder wesentliche Kompetenzen aus dem Blickfeld geraten.

## Gleich mal ausprobieren

Sie können sich an folgenden Schritten orientieren:

- Die individuellen Lernvoraussetzungen der Schüler – Wissen, Können, Einstellungen – bei der Themenwahl in den Blick nehmen (Tipp 29–31) und die bereits vorhandenen Kompetenzen genauer diagnostizieren (Tipp 32), um die spezifischen Lernerfordernisse der Lerngruppe zu identifizieren.

  ❯ Tipp 29–31
  ❯ Tipp 32

- Den unter Berücksichtigung des Lehrplans, der Bildungsstandards oder des verfügbaren Lehrwerks gewählten Inhalten Kompetenzen zuordnen, die die Lernenden entwickeln oder erweitern sollen (Tipp 9, 11).

  ❯ Tipp 9, 11

- Eine didaktische Analyse des Inhalts vornehmen und daraus einen sinnstiftenden Lernkontext für die Einheit entwickeln.
- Gegebenenfalls das didaktisch aufbereitete Lehrwerksangebot zum gewählten Unterrichtsthema auf Wissens- und Verstehensvoraussetzungen, benötigtes fachmethodisches und prozedurales Wissen überprüfen.
- Bereits zu Beginn der Einheit eine Entscheidung über die Aufgabenformate für Leistungsaufgaben (Tipp 73, 94) oder Leistungssituationen für die abschließende Überprüfung bzw. Bewertung des Kompetenzstands treffen.

  ❯ Tipp 73, 94

- Geeignete Aufgabenformate zu Teilkompetenzen mit unterschiedlichen Niveaus oder mit Lösungshilfen für die möglichst selbstständige Bearbeitung zusammenstellen; die kumulative Entwicklung der Teilkompetenzen mit diesen minutiös planen (Lernschritte).

- In einem geeigneten Lernarrangement notwendige frontale Instruktionsphasen, methodische Anleitungen und adäquate Arbeitsformen vorsehen, um eine möglichst selbstständige Bearbeitung der Lernaufgaben zu ermöglichen (wissen, dass ... – wissen, wie ...).
- Die überfachlichen Kompetenzen, die in diesem Lernarrangement benötigt werden und/oder entwickelt werden können, identifizieren und ihre Erweiterung planvoll gestalten (Tipp 22).

❯ Tipp 22

- Die notwendige Lernumgebung gegebenenfalls mit den Lernenden gestalten und ausstatten (Tipp 51).

❯ Tipp 51

## Achtung!

Der kompetenzangereicherte Unterricht wird unter Berücksichtigung der diagnostizierten Lernausgangslage der Schüler vom Ende her geplant: Was sollen die Lernenden am Ende der Einheit besser können und dafür mehr wissen? Welche Strategien und Methoden brauchen sie dafür? An welchen Aufgabenformaten können sie die Teilkompetenzen kumulativ erwerben? In welchen Anforderungssituationen und Leistungsaufgaben können sie die erworbenen fachlichen und überfachlichen Kompetenzen zeigen? Christoph Maitzen (2006) hat ein Kriterienraster für naturwissenschaftliche Lehrwerke entwickelt, mit dem man überprüfen kann, ob ein Schulbuch Angebote für den kompetenzorientierten Unterricht enthält.

# 58

Viele Schüler können in den vielfach üblichen, an konkreten Lernzielen ausgerichteten und durch konkrete Aufträge gesteuerten Übungs- und Anwendungsaufgaben die Anforderungen bewältigen. An Problemlöseaufgaben, komplexen oder offenen Anforderungssituationen scheitern sie jedoch oder geben sich schnell mit unzureichenden Ergebnissen zufrieden. Deshalb müssen in den strukturierten, kompetenzangereicherten Unterricht an geeigneter Stelle offene Aufgaben, mit denen z. B. die Kommunikations-, Problemlöse-, Argumentations- und Urteilskompetenz gefördert werden können, integriert werden. Fragestellung und Lösungsweg sollen von den Lernenden entwickelt und begründet werden.

## Achtung!

Lernende können durchaus etwa grammatisch korrekte if-Sätze in Englisch bilden, im Fach Deutsch direkte in indirekte Rede umwandeln bzw. nach Rezepten mathematische Aufgaben lösen; sie erhalten für diese Fertigkeiten auch in entsprechenden Leistungsaufgaben gute Zensuren.

In realen Sprechsituationen oder authentischen Schreibsituationen verwenden sie dann aber aufgrund der höheren Komplexität der Anforderungssituation gleichwohl situativ unangemessene oder grammatisch falsche Redeformen. Ihr Sprachhandeln ist also noch nicht kompetent, weil mündliche und schriftliche Diskurs- und Interaktionsfähigkeiten durch eindimensional auf das Training von grammatischen Strukturen ausgerichtete Aufgabenformate nicht ausreichend gefordert und gefördert werden.

## Gleich mal ausprobieren

Überprüfen Sie Ihre Aufgabenauswahl für die geplante Einheit nach folgenden Kriterien:

- Könnensdimensionen, die in den Aufgaben angesprochen sind;
- Qualität der Aufgaben für die Kompetenzerweiterung: Herausforderung auf passendem fachlichem Anspruchsniveau (Tiefe) und bezüglich inhaltlicher und prozessbezogener Kompetenzen (Breite);
- Schwerpunkt der Kompetenzen: Fachkompetenz, Fachmethodenkompetenz, Kommunikation, Bewertung/Reflexion;
- Aufgabenvielfalt;
- Möglichkeiten der horizontalen und vertikalen Vernetzung zu Aufgabenserien;
- Möglichkeiten der Einbettung in ein interessantes, aktivierendes Lernarrangement durch sinnstiftende Kontexte;
- Anknüpfung an Vorwissen;
- Vielfalt hinsichtlich Lösungsstrategien und Darstellungsformen;
- Potenzial für ein binnendifferenziertes Angebot.

Beispiel für einen kumulativen Kompetenzaufbau in einem Aufgabencurriculum „Politische Rede":
**Webcode KU233342-002**

❯ Webcode

# 59

> Tipp 59

> Tipp 80

> Tipp 25

Um kommunikative Handlungsfähigkeit zu ermöglichen, müssen komplexe, authentische Anforderungssituationen in den Unterricht integriert werden, wie sie beispielsweise die neu eingeführten Kommunikationsprüfungen (HKM-KommPrüf) in einigen Bundesländern für die Fremdsprachen vorsehen (Tipp 59). Auch die Problemlöse- und Argumentationsfähigkeiten in Mathematik und den Naturwissenschaften können nur an offenen Lernaufgaben (Tipp 80), die fachliche und überfachliche Teilkompetenzen fordern und fördern, entwickelt werden. Daher ist es notwendig, das Aufgabenangebot in Lehrwerken kritisch zu überprüfen und gegebenenfalls vorgegebene geschlossene Aufgaben zu „öffnen". Dies kann z. B. geschehen, indem die in der Aufgabenformulierung enthaltene Fragestellung oder die implizit vorgeschlagenen Lösungsschritte vermieden werden, diese selbsttätig gefunden werden müssen und so eine das Denken herausfordernde Lösungsvielfalt ermöglicht wird (Tipp 25).

Auch Bilder, Diagramme und Tabellen in Lehrwerken eignen sich oft für offene Aufgaben, wenn je nach Fach eine authentische Anforderungs- oder Kommunikationssituation dazu entwickelt wird.

## Gleich mal ausprobieren

Erproben Sie folgendes Aufgabenformat: „Entwickelt einen Wikipedia-Eintrag, in dem dieses Bild/Diagramm etc. den Sachverhalt veranschaulicht, den ihr erläutern wollt." Dazu wählen Sie ein geeignetes Schaubild aus dem Lehrwerk (z. B. Geschichte, Biologie, Chemie, Physik, Erdkunde) aus und lassen die Lerngruppe den fachlichen Problemzusammenhang entwickeln, in dem die Abbildung angesiedelt ist. Anschließend erarbeiten die Schüler in kooperativen Arbeitsformen die fachlichen Kenntnisse, die sie benötigen.

# 60

Die Planung eines passgenauen Angebots von Aufgabenstellungen in einer kompetenzfördernden Unterrichtseinheit bedingt ein Vorgehen, das konsequent vom Kompetenzstand der Lernenden ausgeht, den Lernprozess begleitende Diagnose- und Fördermöglichkeiten vorsieht und eine kumulative Kompetenzentwicklung (Tipp 58) ermöglicht. Der kooperative Aufbau eines digital verfügbaren Aufgabenpools für die Jahrgangsstufe ermöglicht eine zeitsparende Zusammenstellung eines Angebots an Lern-, Übungs- und Vertiefungsaufgaben für die individuellen Lernbedürfnisse in der jeweiligen Gruppe.

> Tipp 58

## Gleich mal ausprobieren

Es ist hilfreich, die Planung eines an Kompetenzerwartungen orientierten Lernarrangements im Team oder Tandem mit Kollegen der gleichen Jahrgangsstufe anzugehen und die zeitaufwändige Suche oder Konstruktion differenzierter Lern-, Übungs- und Vertiefungsaufgaben arbeitsteilig vorzunehmen. Wichtig ist dabei, jede Aufgabe mit einem Hinweis zum intendierten Kompetenzschwerpunkt zu versehen. Formulieren Sie für Problemaufgaben, wenn möglich, Indikatoren für die Lösungsqualität. So kann allmählich ein kompetenzorientierter Aufgabenpool zum jeweiligen Inhaltsfeld/ Kontext des Faches entstehen. Gemeinsame Diagnoseaufgaben (Tipp 66) und eine gemeinsame Ergebnisevaluation können dann auch für Rückschlüsse auf den Kompetenzstand der beteiligten Lerngruppen sowie für die Entwicklung des kompetenzorientierten Schulcurriculums genutzt werden.

> Tipp 66

# 61

## DIE LERNENDEN EINBINDEN

Kompetenzfördernder Unterricht gelingt nur, wenn die Lernenden durchschauen, was sie können, was sie dafür wissen sollen und über welche Unterrichtsschritte und Aufgabenstellungen ihre Kompetenzerweiterung erfolgen soll. Daher ist es nötig, die Schüler zu Beginn der Unterrichtseinheit über den angestrebten Kompetenzerwerbsprozess zu orientieren oder sie in die entsprechenden Planungsüberlegungen einzubeziehen, um die Selbstverantwortung für ihr Lernen zu stärken. *Advance Organizer* leisten hier wertvolle Dienste (vgl. Wahl 2006).

### Gleich mal ausprobieren

Folgendes Vorgehen ist hilfreich:

- Die Erwartungen an einen erfolgreichen Kompetenzerwerb in der Einheit mithilfe von Indikatoren zu den benötigten Teilkompetenzen formulieren und mit den Lernenden besprechen. Hierzu können ein Kompetenzraster (Tipp 66), eine Lernlandkarte (Tipp 86, 99) oder ein Schaubild nützlich sein.

> Tipp 66
> Tipp 86, 99

- Den Prozess der Aufgabenbearbeitung unter Berücksichtigung der Entwicklung überfachlicher Kompetenzen transparent machen oder – noch besser – gemeinsam planen, z.B. als Einzel-/Partner-/Gruppenarbeitsphasen, Lernen an Stationen, Lerntheke oder als Wochenplanarbeit.
- Mit den Lernenden klären, welche Hilfsmittel, Unterstützung, Beratung auf jeden Fall benötigt werden und zur Verfügung stehen.
- Die Formen der Prozessbegleitung (Tipp 88), Präsentation, Auswertung und Überprüfung der Ergebnisse vereinbaren.

> Tipp 88

- Die Dokumentation des Arbeitsprozesses und der auftauchenden individuellen Schwierigkeiten verabreden (z.B. Markierungs-, Kennzeichnungs- und Kommentierungsverfahren auf den Arbeitsblättern, im Logbuch, Lerntagebuch, Portfolio etc.).
- Helfersysteme entwickeln: Lernpartner für Rückmeldung, Feedback, Coaching.

Beispiele für Lernlandkarten als *Advance Organizer* finden Sie in von der Groeben/Kaiser (2011) sowie im Internet unter folgenden Links:

- http://www.lehrerfortbildung-bw.de/unterricht/mlf/organizer
- http://www.lis.bremen.de/detail.php?gsid=bremen56.c.28335.de
- http://www.klett.de/sixcms/media.php/8/104054_s13.pdf
- http://www.hauptseminar-kosak.de/9hetero_und_binnen/individualisierung_werkstatt2.pdf

## Achtung!

Für die Entwicklung der Lern- und Arbeitskompetenz und der personalen Kompetenz ist ein schülerorientiertes, konstruktivistisches Vorgehen vorzuziehen:

- Die Schüler in der Einstiegsphase über eine geeignete Aufgabenstellung herausfinden lassen, welches Vorwissen und welche methodischen Herangehensweisen sie für die kommenden Anforderungen bereits zur Verfügung haben, was ihnen noch fehlt (Tipp 30). Die Diagnose kann über Verfahren wie Mindmap, Wissensnetz, Ideenskizze, Fragensammlung, Richtig-falsch-Aussagen oder Zuordnungsantworten zum fachlichen Kontext erfolgen.  ❯ Tipp 30
- Gemeinsam mit den Schülern einen Themenplan erstellen und gestalten.
- Ein mögliches Lernarrangement und eine geeignete Lernumgebung für die vereinbarten Ziele entwerfen lassen.
- Lehrer- und Schülerrolle im Lernarrangement klären.
- Individuelle Unterstützungsbedürfnisse sowie Zielsetzungen formulieren und festhalten lassen.

# 62

„Was du mir sagst, das vergesse ich. Was du mir zeigst, daran erinnere ich mich. Was du mich tun lässt, das verstehe ich." Dieser Konfuzius zugeschriebene Satz sollte das Leitmotiv jedes kompetenzfördernden Lernarrangements sein. Lehrkräfte reagieren, weil sie sich für den Lernerfolg verantwortlich und gleichzeitig unter Zeitdruck fühlen, auf auftretende Schwierigkeiten bei der Bearbeitung von Aufgaben häufig zu schnell mit direkter Instruktion, wiederholten Erklärungen oder konkreten Lösungshinweisen. Auch allgemeine Appelle, wie „Denk noch mal nach, dann kommst du darauf!" oder „Lies die Aufgabenstellung nochmals, dann weißt du, wie du vorgehen kannst!" helfen Lernenden mit Verstehensproblemen, fehlenden Wissensvoraussetzungen oder gering entwickelter Problemlösefähigkeit kaum weiter. Diese Art von Lehrerintervention verhindert eher die Entwicklung von Lernkompetenz und fördert das „Können" und „Wollen" in Anforderungssituationen zu wenig. Sie entspricht auch nicht den Kriterien einer förderlichen Lernberatung (Tipp 44) bei auftretenden Schwierigkeiten. Wichtig ist es, den Lernenden das Gefühl und die Erfahrung zu vermitteln „Ich pack es" (Tipp 45).

> Tipp 44

> Tipp 45

## Um die Ecke gedacht

Planen Sie für die Aufgabenbearbeitungsphasen methodische Unterstützungsmöglichkeiten ein, die einen Anreiz zur selbstständigen Bewältigung von Problemen setzen. Besprechen Sie mit Ihren Schülern, dass und inwiefern Lernfortschritte aus der Bewältigung von Lernkrisen bestehen. Das Ertragen von Unsicherheit und Zweifel, das Umkreisen des Problems, die beharrliche Suche nach Vorwissenselementen und die allmähliche Entwicklung einer konkreten Fragerichtung betreffen den Bereich von emotional getönten Haltungen (Volition), die für erfolgreiches Lernen unabdingbar sind. Diese Dispositionen für die Lösung von Problemen muss die Schule entwickeln.

## Gleich mal ausprobieren

Um Ihrer Lerngruppe durch Selbsttätigkeit zur Selbstständigkeit zu verhelfen, können Sie

- materiale Beratung durch schriftliche Lerntipps, Denkanstöße oder Lösungshilfen, die je nach individuellem Bedarf genutzt werden, zur Verfügung stellen;
- die Vermittlung von funktionalen Lernstrategien einplanen (vgl. Paradies u. a. 2010);
- kooperative Lernformen ausbauen und nutzen (vgl. Dreyer/ Harder 2009);
- plenare Austauschphasen zur Klärung der individuellen Probleme einbauen;
- Formen der Selbstkontrolle mit Lösungsblättern während und nach der selbstständigen Bearbeitung der Aufgaben ermöglichen;
- die Dokumentation des selbstständigen Arbeitsprozesses gemeinsam festlegen: Wie werden Lösungsansätze, Überprüfung und Überarbeitung zu den einzelnen Aufgaben sichtbar gemacht und als individuelle Diagnosemöglichkeit (Fehler- und Strategieanalyse) für die Lehrkraft einsehbar? Geeignete Instrumente sind die farbliche Visualisierung der Arbeitsschritte bei der Aufgabenbearbeitung, Laufzettel mit Reflexionsspalte, die Vereinbarung metakognitiver Verfahren (Tipp 91) in einem Logbuch, Lerntagebuch oder Portfolio. ❯ Tipp 91

## Achtung!

Bei Formen der Selbstkontrolle sollten Fehler nicht nur aufgespürt und berichtigt, sondern ihre Ursachen erkannt und benannt werden. Dies kann dadurch unterstützt werden, dass nicht die richtige Lösung der Aufgaben bewertet wird, was zum Abschreiben verführt, sondern die Erläuterung von Fehlerursachen und ihre sichtbare Bearbeitung durch Erläuterung der Vorgehensweise, Rückgriff auf bekannte Regeln etc.

# **63** Unterrichten im Förderkreislauf

Zentrales Element eines auf die Kompetenzerweiterung zielenden, kompetenzangereicherten Unterrichts ist neben der Feststellung der Lernausgangslage, der Wahl geeigneter Aufgabenstellungen und Bearbeitungsformen, der Transparenz der Anforderungen für die Lernenden und einer schüleraktivierenden Unterrichtsgestaltung (Tipp 24) die prozessbegleitende Orientierung (Tipp 88) über den jeweiligen Lernstand. Werner Bauch spricht in diesem Zusammenhang von einer „Zwischenbilanz", auf die eine „Passung" von Lernangebot und individuellem Lernbedürfnis erfolgt (vgl. Bauch 2010).

❯ Tipp 24
❯ Tipp 88

Eine Diagnose des Lernfortschritts durch die Lehrkraft oder die Lernenden selbst, formative Beurteilungen und Rückmeldeverfahren sind nach der Erarbeitung der neuen Fachinhalte/Methoden über Instruktions- oder Entwicklungsphasen und die selbstständige Bearbeitung von Aufgabenstellungen unerlässlich, wenn dem Anspruch auf individuelle Förderung Rechnung getragen werden soll. Aus dieser Standortbestimmung können die weiteren Unterrichtsschritte, individuelle Fördermaßnahmen und eine Anpassung der Anforderungen an den erreichten Kompetenzstand abgeleitet werden (vgl. Bauch 2008), bevor eine summative Lernstandskontrolle (Tipp 94), z. B. in Form der Klassenarbeit, folgt.

❯ Tipp 94

# 64

Die Lernenden sollen sich nach der Stoffvermittlungs- und Erarbeitungsphase der Unterrichtseinheit bewusst damit auseinandersetzen, was gelehrt und was gelernt wurde (metakognitive Kompetenz). Dazu ist der Rückgriff auf die zu Beginn der Unterrichtseinheit verdeutlichten Kompetenzerwartungen nötig. Diese notwendige Orientierung der Schüler kann dadurch unterstützt werden, dass die einzelnen Lernphasen und ihre Ziele unterrichtsbegleitend mittels eines Schaubilds, eines Begriffsnetzes, eines Themen- und Aufgabenplans oder einer Lernlandkarte (Tipp 61) visualisiert werden. Zwischenreflexionen über die vorausgegangenen Lernschritte und ihren Ertrag sowie die Vorausschau auf kommende Lernphasen sind dadurch in der Folge leichter möglich.

❯ Tipp 61

Eine Unterrichtseinheit ist nach dieser Vergewisserung über das Gelernte nicht abgeschlossen wie im klassischen, lernzielorientierten Unterricht, sondern mündet in eine Phase der verstärkten Individualisierung des Lernens (Tipp 67, 70). Dazu reicht es nicht, wenn die Lehrkraft für sich bilanziert, was vermittelt wurde und welche Beobachtungen sie im Prozess zum Erfolg der einzelnen Lerner machen konnte. Jeder Schüler muss sich über seinen Lernstand klar werden und seine Schwierigkeiten benennen können, weil nur so die Motivation für weiteres zielgerichtetes Erarbeiten, Üben oder Festigen entsteht. Dazu benötigt er konkrete Indikatoren oder Beispiele für das erwartete Können sowie Reflexionshilfen.

❯ Tipp 67, 70

## Achtung!

Wichtig ist dabei, dass diese Selbstreflexion zunächst schriftlich und in Einzelarbeit geschieht, weil die Gruppe ein ehrliches Bilanzieren im offenen Unterrichtsgespräch beeinträchtigen kann und gerade schwächere Schüler sich oft nicht äußern wollen.

## Gleich mal ausprobieren

Sie können Satzergänzungen für eine kurze schriftliche Reflexion benutzen, zum Beispiel:

- Ich weiß jetzt, wie ...
- Ich habe gelernt, dass ...
- Ich habe verstanden, warum ...
- Ich kann erklären, weshalb ...
- Unklar/Unverständlich ist mir, wie/warum ...

Sie können auch den bisherigen Lehr-/Lernprozess reflektieren lassen:

- Hilfreich war in dieser Einheit für mein Lernen, wie ...
- Wenig geholfen hat mir, dass ...
- Von den nächsten Stunden wünsche ich mir ...

# 65 DIAGNOSE IM FÖRDERKREISLAUF

Diagnoseaufgaben können nach der Stoffvermittlungs- und Erarbeitungsphase eine konkrete Auskunft über den erreichten im Vergleich zum intendierten Lernfortschritt geben. Man unterscheidet Formen der Selbstdiagnose von Formen der Partnerdiagnose. Bei der Partnerdiagnose überprüfen entweder beide Partner ihre Lösungen, z. B. wechselseitig, und begründen anschließend gemeinsam die für richtig erachtete Lösung, z. B. bei Richtig-falsch-Aussagen. Die Partner können auch eine kriteriengeleitete Rückmeldung (Indikatorenliste) zur individuellen Lösung einer Aufgabenstellung mit Hinweisen für die weitere Bearbeitung

❯ Tipp 89   geben. Eine Selbstdiagnose kann mit Checklisten (Tipp 89) erfolgen, die klare Kriterien für gelungene Lösungen beinhalten. Die Diagnoseaufgaben sollten in jedem Fall die Könnenserwartungen am Ende der Einheit spiegeln und dienen

❯ Tipp 63   als Zwischenbilanz (Tipp 63), um

- nach der selbstständigen Aufgabenbearbeitung den Lernenden vor der Überprüfung durch Leistungsaufgaben eine realistische Selbsteinschätzung zu ermöglichen,

- der Lehrkraft eine genaue Einschätzung der Kompetenz-entwicklung der Lerngruppe und einen Einblick in die individuellen Lernstände zu gestatten,
- an den noch vorhandenen Erkenntnis- oder Übungsbe-dürfnissen orientierte Aufgaben für die erwarteten Teil-kompetenzen bereitstellen zu können,
- Formen der individuellen Vorbereitung auf die Leistungs-situation thematisieren und vermitteln zu können.

## Gleich mal ausprobieren

Konstruieren Sie Diagnoseaufgaben zu Ihrer Unterrichtsse-quenz, die die Ausprägung unterschiedlicher Teilkompeten-zen überprüfen. Sie benötigen Aufgaben zu Kenntnissen und Fertigkeiten, aber auch solche, an denen Sie Lösungs-strategien oder die Argumentationsfähigkeit beobachten können. Analysieren Sie einige Bearbeitungsergebnisse un-ter fachdidaktischem Blickwinkel. Wählen Sie dazu die Er-gebnisse von zwei leistungsstarken, zwei mittleren und zwei schwachen Schülern aus und stellen Sie deren konkrete He-rangehensweisen und Schwierigkeiten fest. Entwickeln Sie nach diesem Einblick in noch bestehende Probleme ein Ar-beitsblatt für die Selbstüberprüfung dieser Diagnoseaufga-ben, indem Sie in einer Spalte Hinweise und Hilfsfragen für die Untersuchung der Lösungen zu den einzelnen Aufgaben geben. Lassen Sie die Lernenden in einer weiteren Spalte rückmelden, welche Probleme sie bei sich erkannt haben. Sie können stattdessen auch eine Ampelabfrage (Tipp 32) zum Schwierigkeitsgrad von Aufgaben anschließen.

❭ Tipp 32

Eine Vier-Ecken-Diagnose (unterschiedliche Schwierigkeiten auf vier Plakaten formulieren, in den Raumecken aufhängen, die Lernenden sich einer Aussage zuordnen und begründen lassen, was für sie schwierig ist) ermöglicht ein nachfolgen-des, passgenaues Angebot an die vier Gruppen. Auch die Netzwerkmethode oder eine Kartenabfrage kann im Pro-zessverlauf Aufschluss über individuelle Lernstände geben. Anleitungen für ein Begriffsnetz und eine Kartenabfrage fin-den Sie im Internet unter http://www.studienseminar-kob lenz.de/medien/methodenwerkzeuge.

# 66

> Tipp 93

Die Schüler können ihre Kompetenzerweiterung über die gesamte Einheit hinweg nachvollziehen und im Idealfall selbst steuern, wenn sie verständliche Kompetenzbeschreibungen mit Indikatoren zur Verfügung haben. Dies stärkt die Selbstwirksamkeitserfahrung. (Tipp 93). Mit der technokratisch-unpersönlichen Begrifflichkeit „Raster" sollte man die Lernenden allerdings nicht abstoßen. Wie das Beispiel zu einer Lerntheke zum Satz des Pythagoras zeigt (siehe Webcode unten), gibt es andere Formulierungsmöglichkeiten, die dem Lernenden nicht das Gefühl einer Überprüfung nach DIN-Norm geben.

## Gleich mal ausprobieren

> Webcode

Kompetenzraster als Orientierungshilfe zu einer Lerntheke zum Satz des Pythagoras in Klasse 8: Webcode KU233342-003

Besonders gut gelingt dies, wenn die Lernenden mit den Ampelfarben die Indikatoren zu Beginn, bei der Zwischenbilanzierung und vor der summativen Lernstandskontrolle nach eigener Einschätzung ihres Könnensstands markieren. Dies kann auch an der jeweiligen Aufgabe geschehen.

Rot: Das kenne oder kann ich nicht.
Gelb: Ich fühle mich noch nicht sicher.
Grün: Ich fühle mich sicher.

Dieses Verfahren hat den Vorteil, dass auch die Lehrkraft an der Farbverteilung mit einem kurzen Blick erfassen kann, wo Förderschwerpunkte liegen und in welchen Bereichen ein positiver Lernverlauf vorliegen könnte. Ferner wird sichtbar, wo eine anfänglich unrealistische Selbsteinschätzung aufgrund der Erfahrung in der Aufgabenbearbeitung einer ehrlicheren Selbstwahrnehmung gewichen ist.

## Individuelle Lern- und Übungsbedürfnisse aufgreifen

> Tipp 63
> Tipp 50
> Tipp 31

**67**

Da Lehr-/Lernprozesse selten wie geplant laufen, ist nach der Zwischenbilanz in der Regel eine Passung (Tipp 63) des Lernangebots durch Differenzierung (Tipp 50), Individualisierung (Tipp 31) oder eine an den Schülerbedürfnissen ausgerichtete Modifikation der Inhalte und Ziele notwendig (vgl. von der Groeben 2008). Dabei ist es in vielen Fällen nicht ausreichend, mehr vom Gleichen anzubieten. Weitere Übungsaufgaben gleicher Art können zwar die Entwicklung von Lösungsroutinen (schematisches Vorgehen) und Fertigkeiten unterstützen, sofern die Lernenden aufgefordert sind, sich vor bzw. nach der Bearbeitung bewusst zu machen, was sie wie wozu tun (Selbststeuerung durch Metakognition). Sie überdecken jedoch häufig tiefer liegende Verstehensprobleme.

Die an den Diagnoseaufgaben beobachteten individuellen Schwierigkeiten werden genau analysiert. Im Anschluss an die Analyse können diese ebenso wie beobachtete Verbalisierungsprobleme beispielsweise nach dem Prinzip „Schüler lehren Schüler" in Lerntandems gezielt bearbeitet werden.

### Achtung!

Die Anforderungssituationen Modellieren, Problemlösen, Urteilen und kommunikativ Handeln setzen neben kontextspezifischem fachlichem Wissen, methodischen sowie fachlichen Kompetenzen und der Fähigkeit zur selbstständigen Wissensvernetzung auch psychische Dispositionen wie das Aushalten von Unsicherheit und Offenheit im Sinne einer Selbstwirksamkeitsüberzeugung voraus. Hier ist sowohl individuelle Ermutigung und Bestätigung als auch methodische Hilfestellung gefragt, die vor allem in selbsttätigen Arbeitsphasen gegeben werden kann.

### Gleich mal ausprobieren

Durch die Bildung von gezielt nach ihren diagnostischen Beobachtungen zusammengestellten Lerntandems oder Kleingruppen können die verschiedenen Lerntypen einander unterstützen. So können z. B. Schnell-Lerner, die keine Verstehens-, aber Verbalisierungsprobleme haben, vom Versuch, anderen etwas zu erklären, profitieren.

### Um die Ecke gedacht

Die Schüler haben oft keine Vorstellung davon, welche unterschiedlichen Lernstile in der Lerngruppe vorhanden sind und was ihre jeweiligen Vorzüge sind. Oft bestimmen die Lernenden mit der schnellsten Auffassungsgabe, dem höchsten Abstraktionsvermögen oder der größten Kommunikationsfähigkeit die Problemlösungsphasen vor allem im fragend-entwickelnden Unterrichtsgespräch. Es ist hilfreich, z. B. den Beitrag des langsamen, genauen Denkens, der konkreten, anschaulichen Vorstellung, der zweifelnden Überprüfung, der methodischen Vergewisserung anderer Schüler immer wieder zu verdeutlichen. So entsteht eine Bewusstheit für die Vielfalt der fachlichen und überfachlichen Teilkompetenzen, die zur gelingenden Bewältigung von Anforderungssituationen notwendig sind.

## VERSTÄNDNISPROBLEME BEARBEITEN

# 68

Die im Unterricht auftretenden individuellen Lernprobleme weisen oft auf eine mangelnde subjektive Vorstellungsbildung oder fehlende Verbalisierungsfähigkeit hin. Dann muss an das „subjektive Konzept" des Einzelnen angeknüpft werden, um die Probleme zu beheben. Das heißt, der Schüler versucht, in seinen Worten seine Vorstellungen von einem Zusammenhang oder einem Problem zu formulieren, die Lehrkraft oder ein Lernpartner formulieren, was sie verstanden haben, und unterstützen die Ausdifferenzierung oder Korrektur der Vorstellung durch Fragen oder Denkanstöße wie „Wie stellst du dir … vor?", „Wie kommst du darauf?", „Woran erinnert dich …?"

Methoden des lauten Denkens sind in solchen Situationen wichtig zur Förderung der Lernkompetenz, weil sie es ermöglichen, an die subjektive Bedeutungskonstruktion anzuknüpfen.

## Um die Ecke gedacht

Nach Gallin und Ruf (1998) hat die Sprache in allen Fächern die Aufgabe, den Prozess des Verstehens zu aktivieren. Nur mittels Sprache lassen sich die gewonnenen Einsichten festigen. Sachkompetenz und Sprachkompetenz bedingen sich wechselseitig. Daher unterstützt „dialogisches Lehren und Lernen" die Kompetenzentwicklung, wenn die Lehrkraft die Schüler zur Artikulation ihrer Ideen bringt und dazu Rückmeldungen gibt.

## Gleich mal ausprobieren

Führen Sie das reziproke Fragen als Verfahren ein: Ein Partner formuliert Fragen zu einem Text, einer Abbildung, einer Aufgabenstellung oder Fachbegriffen, der andere versucht, sie zu beantworten. Dabei können Sie die Paare unter Fördergesichtspunkten zusammenstellen.

Geben Sie Aufträge nach dem Beispiel von Ruf und Gallin: „Achte beim Lesen dieser Aufgabe/dieser Gleichung auf deine Gedanken und Gefühle. Schreibe alles auf, was dir durch den Kopf geht." (Ruf/Gallin 1998, S.49) Dies ermöglicht Ihnen, die individuellen Vorstellungen aufzugreifen, das vorhandene Potenzial zu nutzen und rechtzeitig unproduktive Denkrichtungen im Gespräch mit den Schülern zu korrigieren. Außerdem ist dies eine gute Grundlage für eine dialogische Lernberatung.

# 69

## FÖRDERELEMENTE WIRKSAM INTEGRIEREN

❯Tipp 31

Von großer Wirkung ist die von den Schülern seismographisch wahrgenommene Haltung (Tipp 31), mit der die Lehrkraft diagnostiziert und Förderangebote in ihre Einheit integriert. Daher ist es wichtig, dass differenzierende und individualisierende Aufgabenangebote nicht mit Labels versehen werden, die auf lernschwache oder lernstarke Schüler abzielen. Um die Lernenden zu einer selbstständigen Wahl der für ihre individuellen Lernziele passenden Aufgaben aus dem Angebot zu motivieren, ist es hilfreich, auf dem Aufgabenblatt oder an der Lernstation zu kennzeichnen, welche Teilkompetenzen jeweils erweitert oder gefestigt werden

❯Tipp 58

können. Ein Beispiel ist als Webcode in Tipp 58 angegeben. Tippkarten zu Strategien oder Vorwissen, schriftliche Denkanstöße zum Vorgehen bei Problemlösungsversuchen, Hilfsmittel für fehlende Wissenselemente bzw. Regeln/Formeln oder sprachliche Hilfen für Kommunikationssituationen können differenziert angelegt werden, sollten aber entsprechend sensibel angeboten werden. Dies geschieht etwa dadurch, dass nicht auf die individuellen Lernschwächen, sondern auf die in der Sache liegenden Schwierigkeiten abgehoben wird, für die die jeweiligen Hilfen angeboten werden sollen.

### Gleich mal ausprobieren

Gestufte Hilfen durch Tippkarten zu einer Lernaufgabe in Mathematik Klasse 9 (Gülsah Kabakci: Kaninchengehege

❯ Webcode

bauen): Webcode KU233342-004

### Achtung!

Ohne diagnostische Vorarbeit, die den Schülern eine differenzierte Selbsteinschätzung mithilfe von konkreten Indikatoren zu den angestrebten Kompetenzen ermöglicht, neigen diese je nach Lerngruppenklima zur Wahl nach quantitativen Aspekten (die kürzesten Aufgaben) – oder sie entscheiden sich nach Prestigegesichtspunkten für die als schwierig klassifizierten Aufgaben.

Ein förderdiagnostischer Unterstützungsdialog kann Lernprobleme auflösen helfen sowie die Neigung zu Über- oder
Unterforderung bei der Wahl von Aufgaben oder Unterstüt-
zungsangeboten mildern. Vor allem in der Phase der Passung (Tipp 63) ist Lernberatung (Tipp 44) ein wichtiges
Instrument zur Sicherung des individuellen Lernerfolgs.

❯Tipp 63, 44

Diese schülerorientierte Lernberatung kann dadurch unterstützt werden, dass der Schüler

- sich nach der Selbsteinschätzung Ziele setzt, diese auf
  dem Selbsteinschätzungsbogen vermerkt und mit dem
  Lehrer bespricht,
- eine kurze Begründung für seine Wahl vor der Bearbeitung der jeweiligen Aufgabe notiert und nach der Erledi-
  gung vermerkt, was er besser kann oder verstanden bzw.
  noch nicht verstanden hat,
- Fragen notiert oder Schwierigkeiten markiert, die bei der
  Aufgabenbearbeitung auftauchen (dafür können Farb-
  symbole vereinbart werden),
- vor der Bearbeitung einer (weiteren) komplexeren Aufgabe eine Strategie entwickelt, sein Vorgehen plant und dieses im Plenum oder mit einem Partner bzw. dem Lehrer
  bespricht (wie und warum er so vorgehen möchte),
- sein deklaratives oder prozedurales Vorwissen zu einer
  Aufgabenstellung in einer Mindmap/einem Flussdiagramm darstellt bzw. sein Regelwissen abruft, um dem
  Lehrer Ansatzpunkte für benötigte Hinweise und gegebenenfalls strukturierte Hilfestellungen für die eigenverant-
  wortliche Bearbeitung der Aufgabe zu geben,
- die einzelnen Arbeitsschritte zur Bearbeitung einer Aufgabe selbstständig entwirft, aufzeichnet und mit einem
  Partner vergleicht, um gegebenenfalls vor der Ausführung
  vom Lehrer eine Rückmeldung zu erhalten,
- ein Lernjournal/Lerntagebuch über die gesamte Unterrichtseinheit hinweg führt und als Grundlage für die Beratung mit dem Lehrer nutzt.

## Achtung!

Lernberatung ist möglichst non-direktiv. Es geht darum, herauszufinden, wie der Lernende denkt und über welche Strategien er verfügt, um hilfreiche Denkanstöße oder Hinweise zur Bewältigung der Anforderungssituation geben zu können.

Die nötige Wissensvermittlung erfolgt, wenn sich herausstellt, dass etliche Schüler den gleichen Bedarf haben, über kurze instruktive Phasen oder Materialien, die jetzt auf spezifische Teilgruppen zugeschnitten werden. Lernberatung ist Hilfe zur Selbststeuerung und Selbstverantwortung.

## Gleich mal ausprobieren

Lassen Sie Ihre Lerngruppe zur nächsten offenen Aufgabe eine Arbeitsskizze nach folgendem Muster entwickeln:
Schritt: ... Wozu? Um ...
Schritt: ... Wozu?
Schritt: ... Wozu?
Lassen Sie je zwei Schüler ihre Schritte vergleichen, sich auf ein Vorgehen einigen oder, bei Unsicherheiten und Zweifel, Ihre Rückmeldung einholen.

## Um die Ecke gedacht

Lernberatung setzt auf die Entwicklung metakognitiver Kompetenzen, damit die Schüler sich ihre Art des Arbeitens bewusst machen, ungünstige von günstigen Strategien unterscheiden lernen, ihr eigenes Vorgehen planen, überwachen, verändern und rückblickend reflektieren lernen. Der Lehrer regt die Schüler dazu an, ihre Gedanken zu ihrem Problem zu verbalisieren, und entwickelt daraus weiterführende Denkfragen. Lernberatung unterstützt also die Lernenden bei der gezielten Erprobung, Steuerung und Bewertung ihres subjektiven Lernweges.

# 71

„Einen Fehler begangen haben und ihn nicht korrigieren: Erst das ist ein Fehler." (Konfuzius)

Textüberarbeitungsstrategien, wie verschiedene Formen der Schreibkonferenz, sind in Deutsch und den Fremdsprachen bereits wichtige Methoden der Kompetenzförderung. Überprüfungs- und Revisionsstrategien oder Fehleranalyseverfahren sind aber auch in allen anderen Fächern von zentraler Bedeutung auf dem Weg zum kompetenten Handeln. Das Überprüfen und Korrigieren von Behauptungen und Argumentationsketten, von Lösungsstrategien und -wegen, von Textanalysen und Textdeutungen sind zentrale Elemente einer bewussten, fachbezogenen und überfachlichen Kompetenzentwicklung. Die Fähigkeit, Fehlermuster zu erkennen und den Fehlerursachen nachzuspüren, muss ebenso entwickelt werden wie die Bereitschaft, anschließend Lösungsschritte zu revidieren. Für schriftliche oder mündliche Darstellungen von Lernergebnissen zu anspruchsvollen Aufgabenstellungen sollten nach einer kriteriengeleiteten Überprüfung oder Rückmeldung Überarbeitungsphasen vorgesehen werden. Dies begünstigt bei Schülern und Lehrern die Entwicklung von Einstellungen, die als Fehlerkultur bezeichnet werden: Fehler sind Lerngelegenheiten, sie dienen der Kompetenzförderung.

**Fehler sind Lerngelegenheiten**

Überarbeitungs- und Revisionsverfahren unterstützen das Selbstwirksamkeitserleben (Tipp 93) vor allem dann, wenn nur das Endergebnis für die Bewertung herangezogen wird. So entsteht eine Motivation für das gründliche Überprüfen und Überarbeiten sowie Stolz auf das Endprodukt.

❯ Tipp 93

## Achtung!

Wenn ein Fehlermuster bei Aufgaben eines bestimmten Typs immer wieder auftritt, spricht man von systematischen Fehlern. Die Schüler können diese, im Gegensatz zu Flüchtigkeitsfehlern, meist nicht selbstständig beheben. Eine kooperative Analyse der Fehlerursachen ist bei systematischen Fehlern zwingend. Wer solche Fehler durch Mitschüler korrigieren lässt oder mit ausführlicher Begründung selbst aufklärt, handelt wie ein Arzt, der ohne Diagnose Symptome zu kurieren versucht. Die Frage nach der Begründung (Warum kommst du zu dieser Annahme/Übertragung/Argumentation/Auffassung/Schlussfolgerung?) ist hier hilfreich, um Fehlerursachen aufzuspüren. Ziel muss sein, die kognitiven Strategien aufzudecken, die den Fehler verursachen.

## Gleich mal ausprobieren

- Entwickeln Sie einen Katalog mit Prüfschritten für die Selbstkontrolle einer Aufgabe.
- Lassen Sie Ihre Schüler eine individuelle, regelgeleitete Fehlersammlung zu entdeckten Fehlern anlegen: Regelverstöße, z. B. in Rechtschreibung, Zeichensetzung und Grammatik, werden der betreffenden Regel zugeordnet.
- Anonymisieren Sie eine Schülerlösung und lassen Sie sie mit einer Checkliste überprüfen sowie mit Bearbeitungshinweisen versehen, um das Verfahren einzuführen. Anschließend wird dieses Überprüfungsverfahren als Partnerkontrolle mit allen Lösungen durchgeführt. Die anschließende Überarbeitung eignet sich bei längeren Aufgaben als Hausaufgabe. Mit diesem Verfahren können auch kooperative Hausaufgabenüberprüfungen für eine Kompetenzförderung genutzt werden (Tipp 89).

❯Tipp 89

- Entwickeln Sie mit Ihrer Lerngruppe Feedbackinstrumente oder kriteriengeleitete Rückmeldebögen für mündlich präsentierte Gruppenergebnisse zu Aufgabenstellungen wie Vorträgen, Präsentationen, Szenen, Debatten, Podiumsdiskussionen etc. Lassen Sie jeweils zwei Gruppen einander Rückmeldung geben.
- Sehen Sie eine Überarbeitungs- oder Übungsphase vor der Präsentation im Plenum vor. Diese wird auf der Grundlage der vereinbarten Kriterien bewertet.

Überprüfungs- und Überarbeitungsstrategien vermitteln in

❯ Webcode

Klasse 7 (Balladenvortrag): Webcode KU233342-005

**72**

In einem am Förderkreislauf (Tipp 63) orientierten Unter-  ❯ Tipp 63
richt werden die Schüler mit den erwarteten Kompetenzen
in allen Phasen des Unterrichtsprozesses vertraut gemacht.
Wenn gemeinsam mit ihnen rechtzeitig vor der Leistungs-
situation konkrete Indikatoren formuliert werden und diese
zur Überprüfung von Schülerergebnissen regelmäßig im
Verlauf der Einheit herangezogen werden, sind die Lernenden über die Leistungsanforderungen so informiert, dass sie
zielgerichtet und motiviert an individuellen Förderangebo-
ten oder der eigenständigen Wiederholung arbeiten können. Im Idealfall kann sich die Lerngruppe selbst Aufgaben
ausdenken, mit denen man den Lernstand vor der Arbeit
überprüfen könnte. Dies wäre zugleich eine Form der metakognitiven Vergewisserung über ihren Lernprozess. Auch
der arbeitsteilige Entwurf von Wiederholungsaufgaben und
die Reorganisation des Wissens durch Sammlung und Vernetzung von Begriffen (Strukturlegen, Sortieraufgaben,
Concept Map) sowie die Entwicklung von grafischen Ord-
nungshilfen (z. B. kognitive Landkarte, Flussdiagramm für
Arbeitsschritte) ist je nach Leistungsbereich sinnvoll, weil
die Kenntnisse und das Wissen über Verfahren reorganisiert
und Strategien gefestigt werden. Zahlreiche praktische Anregungen finden Sie bei Wahl (2006) und Brüning/Saum
(2008).

## Achtung!

Kompetenzfördernder Unterricht ist darauf ausgelegt,
dass sich die häufige Frage „Was sollen wir für die Arbeit
lernen?" in der Stunde vor der Klassenarbeit erübrigt. Sie
erscheint den Lernenden als unangemessen, sobald sie
verstanden haben, dass man zwar Wissen kurzfristig pau-
ken, nicht aber Kompetenzen auf die Schnelle erwerben
kann. Sie (und ihre Eltern) verstehen so besser, dass von
ihnen mehr als die Reproduktion von Wissen verlangt
wird. Die Lerngruppe sollte in einer Rückblende selbst zu-

sammenstellen, welche Kenntnisse und methodischen Vorgehensweisen im vorausgegangenen Unterricht woran und wozu erworben wurden. Diese Reflexion schafft eine gute Voraussetzung für eventuell notwendiges Wiederholen und erweitert die persönliche Kompetenz.

## Gleich mal ausprobieren

Aus einer Rückblende kann gemeinsam ein Wochenplan für die Vorbereitung der Arbeit konstruiert werden; das fördert die Lernkompetenz.

❯ Webcode

Vorbereitungsplan für eine Klassenarbeit zum Thema „Fabel" in Klasse 6: Webcode KU233342-006

## Um die Ecke gedacht

In unserem Schulsystem lernen die Schüler entgegen unserer Intention für Klassenarbeiten, wobei sie nicht zwangsläufig kompetenter werden. Sie orientieren sich an Noten und weniger am eigenen Lernfortschritt. Dies führt dazu, dass Schüler mit schlechten Noten entmutigt werden, während andere sich mit ihrer im Klassenvergleich befriedigenden Note einrichten und ihr Potenzial nicht ausschöpfen. Für einen veränderten Lernbegriff ist es daher bedeutsam, den individuellen Kompetenzzuwachs als Maßstab für Erfolg herauszustellen, selbst wenn die Note vordergründig einen geringen Erfolg beschreibt. Nur so können über die Erfahrung von Selbstwirksamkeit auch bei kleinen Fortschritten die volitionalen und motivationalen Voraussetzungen für einen längerfristigen Könnenszuwachs geschaffen werden (Tipp 8).

❯ Tipp 8

# 73

Leistungsaufgaben können zur Überprüfung eines Teils eines Kompetenzerwerbsprozesses während einer Unterrichtseinheit dienen oder am Ende einer thematischen Einheit eingesetzt werden. Sie prüfen das erworbene Wissen und den aktuellen Kompetenzentwicklungsstand. Sie lassen die erreichte Niveaustufe (Tipp 28, 94) erkennen und dienen daher der punktuellen, individuellen Leistungsmessung.

❯ Tipp 28, 94

Mit folgenden Leitfragen lassen sich Leistungsaufgaben konstruieren, die mit dem vorausgegangenen Unterricht und den lernzeitbezogenen Kompetenzerwartungen im Einklang stehen:

Leitfragen für die Konstruktion von Leistungsaufgaben

- Welches fachliche und prozedurale Wissen müssen die Schüler für die Aufgabenlösung heranziehen?
- Welche Informationen sind zur Lösung der Aufgabe notwendig?
- Welche Kompetenzen sind zu einer erfolgreichen Lösung der Aufgabe erforderlich? Woran werden die Kompetenzen sichtbar?
- Ist die Aufgabe so formuliert, dass sie der Schüler versteht?

## Achtung!

Die Aufgabenstellungen sollten mit den fachspezifischen Operatoren, die den Schülern vertraut sind, formuliert sein, (z. B. beschreiben, erläutern, erklären, darstellen, berechnen, skizzieren, vergleichen, interpretieren, beurteilen etc.). Diese Operatoren illustrieren Teilkompetenzen und Anforderungsbereiche.

Die fachlichen Anforderungsbereiche (kognitive Komplexität, Niveaus der Aktivierung der Kompetenzen I, II, III) und die Kompetenzbereiche sollten in den Aufgaben abgebildet sein.

▶ Tipp 49

## Gleich mal ausprobieren

In der Primarstufe und der Sekundarstufe I können sowohl offene, verständnisorientierte als auch geschlossene Aufgabenformate bzw. Antwortformate (z. B. Multiple Choice, Auswahlantworten mit Begründung, Richtig-falsch-Formate, Überprüfung von vorgegebenen, fehlerhaften Lösungen) für die Feststellung von Teilkompetenzen sinnvoll eingesetzt werden (Tipp 49).

Beispiele finden Sie in den zentralen Lernstandserhebungen der Bundesländer und unter http://www.wiki.zum.de/Vera _8_interaktiv.

## 74 DEN KOMPETENZSTAND BEWERTEN

▶ Tipp 63

Der fachliche Kompetenzstatus wird ausschließlich nach den Lernphasen (Tipp 63) in mündlichen oder schriftlichen Leistungssituationen bewertet, in denen die erworbenen Kompetenzen in einem geeigneten Aufgabenformat nachgewiesen werden können. Wichtig ist bei der Bewertung, dass ein ausgewogenes Verhältnis zwischen Kenntnissen, methodischen Fertigkeiten, strategischem Vorgehen in der Problemlösung und der Urteilsfähigkeit berücksichtigt wird.

Diese punktuelle oder summative Leistungsfeststellung (*assessment of learning*) soll gezielt Leistungen in ausgewählten Kompetenzbereichen zu einem bestimmten Zeitpunkt erfassen. Sie bezieht sich weitgehend auf klar definierte Kompetenzschwerpunkte der zuvor durchgeführten Unterrichtseinheit. Es müssen aber auch Problemstellungen erfasst werden, die im Rahmen einer Vernetzung der Kompetenzen wiederholt wurden. Die Lösungsqualität gibt Aufschluss darüber, welche Ziele erreicht wurden und über welche Kompetenzen die Schüler zu diesem Zeitpunkt verfügen. Die Standards und lernzeitbezogenen Kompetenzerwartungen ermöglichen dabei die Orientierung der Leistungsbeurteilung an Bezugsnormen.

## Gleich mal ausprobieren

Es empfehlen sich vier Kategorien für die Einschätzung der Lösungsqualität: gut gelöst, gelöst, bedingt gelöst, nicht gelöst. Ordnen sie diesen vier Stufen klare Indikatoren zu (Tipp 20, 21, 30).

❯Tipp 20, 21, 30

Jahrgangsstufenidentische Leistungsaufgaben können zum Vergleich des Kompetenzstands unterschiedlicher Lerngruppen einer Jahrgangsstufe herangezogen werden, um lerngruppenspezifische Förderbedürfnisse zu erkennen.

## Achtung!

Kompetenzstufenmodelle, an denen man sich in der Bewertung orientieren kann, liegen bislang nur für wenige Kompetenzbereiche der Fächer vor (Tipp 12, 13). Formulieren Sie daher selbst ein standardorientiertes Mindestniveau, das mit der Note „ausreichend" verbunden ist.

❯Tipp 12,13

## MÜNDLICHE LEISTUNGSAUFGABEN

# 75

Viele, insbesondere kommunikative Kompetenzen, die in einer Unterrichtseinheit erworben werden, lassen sich nicht in schriftlichen Aufgabenformaten angemessen überprüfen, wenn die Anforderung darin besteht, in einer realitätsnahen Situation situationsangemessen, rollenbewusst, flexibel und adressatenorientiert zu kommunizieren. Sensibilität für gesprochene Sprache, Körpersprache und -bewusstheit sowie die absichtsvolle Gestaltung der Beziehungsebene lassen sich nur in mündlichen Aufgabenformaten beobachten. Diese spielen daher im Unterrichtsverlauf und für die Leistungsfeststellung im kompetenzfördernden Unterricht eine bedeutende Rolle. Dazu bedarf es spezifischer Settings für kooperative Arbeitsformen, in denen diese Formate realisiert werden können. Die Akteure reflektieren sich nach dem ersten vorbereiteten Versuch selbst mithilfe vereinbarter Kriterien, die Mitschüler geben eine kriteriengeleitete

Rückmeldung und machen Verbesserungsvorschläge. Äußerst hilfreich sind dabei Audio- oder Videomitschnitte, weil sie eine wiederholte Fremd- und Selbstbeobachtung ermöglichen sowie den individuellen Kompetenzzuwachs dokumentieren. Gegebenenfalls wird Überarbeitungs- und Übungszeit eingeräumt, bevor die abschließende Durchführung summativ bewertet wird (Tipp 71, 86).

❯ Tipp 71, 86

## Achtung!

Besonders bei mündlichen Leistungsaufgaben sollten die Indikatoren mit den Schülern im Prozess entwickelt werden. Nur so lässt sich sicherstellen, dass die Kriterien für jeden konkret und anschaulich genug sind. Sie werden verschriftlicht und in der Anwendung überprüft. Im Erarbeitungsprozess werden allenfalls die Anstrengungs- und Kooperationsbereitschaft bewertet, nicht aber die Zwischenergebnisse. Dazu kann neben der Lehrerbeobachtung der Arbeitsplan der Gruppen herangezogen werden. Die Schüler müssen zu Beginn der Arbeitsphase darüber informiert sein, dass ein bewertetes mündliches Lernprodukt am Ende der Einheit steht. Dazu müssen in Gruppenprodukten individuelle Anteile erkennbar sein, d.h., die Aufgabe muss arbeitsteilige Rollen beinhalten, um einen individuellen Kompetenzstand beurteilen zu können.

## Gleich mal ausprobieren

Die Schüler
- führen beispielsweise ein Interview, ein Bewerbungs-, Beschwerde- oder ein Beratungsgespräch rollenbewusst;
- gestalten ein selbstständiges Literaturgespräch oder eine Buchbesprechung in der Muttersprache bzw. in der Fremdsprache;
- führen durch eine Ausstellung, besprechen ein ästhetisches oder technisches Objekt adressatenorientiert, inszenieren eine Szene, debattieren über eine kontroverse These, tragen ein Gedicht oder eine Rede vor, erzählen zuhörerorientiert;
- gestalten einen Vorleseabend, eine Radiosendung;

- führen eine Expertendiskussion in den Naturwissenschaften oder Sozialwissenschaften, simulieren eine Expertenbefragung, eine Gerichtsverhandlung, eine Podiumsdiskussion, eine Talkshow;
- halten einen visuell gestützten Vortrag als Ergebnispräsentation;
- entwickeln ein bereichsspezifisches Quiz nach einem verabredeten Setting und führen es mit der Lerngruppe durch.

## Um die Ecke gedacht

Planen Sie eine kleine mündliche Leistungsaufgabe mit kooperativer Vorbereitung in Gruppen oder Paaren. Es bewährt sich, die erste Durchführung zu filmen oder eine Höraufnahme zu erstellen. Gruppen können sich damit quasi selbst beobachten und reflektieren. Sie können selbstständig und kooperativ an ihrer individuellen Verbesserung arbeiten sowie die Lehrkraft um Beratung bitten. Für die Rückmeldung durch die Lerngruppe und die Bewertung kann eine Video- oder Audioaufnahme des Endprodukts erstellt werden. Dieses Verfahren ist zeitsparend, weil alle Gruppen gleichzeitig arbeiten können, da auch die Handys der Schüler für kürzere Videoaufnahmen gut geeignet sind. Achten Sie darauf, dass die Aufnahmen rechtzeitig gelöscht werden und der Datenschutz eingehalten wird. Die Schüler sollen das Recht auf informationelle Selbstbestimmung respektieren lernen.

# 76

›Tipp 20

Die den erreichten Kompetenzstand überprüfenden Leistungsaufgaben sollen nicht nur für die Bewertung genutzt werden. Eine genaue Formulierung von Indikatoren (Tipp 20) für die einzelnen Aufgaben bildet auch eine gute Grundlage für eine individuelle Diagnose bei der Korrektur ohne zusätzlichen Zeitaufwand. Ein schriftlicher Erwartungshorizont ermöglicht sowohl eine transparente und vergleichbare Bewertung als auch eine differenzierte Rückmeldung des Könnensstands an die Schüler. Diese Transparenz wäre sonst nur mittels umfangreicher Kommentare herzustellen. Das Sammeln von Kopien dieser Rückmeldebögen ermöglicht Ihnen eine diagnosebasierte Planung nachfolgender Unterrichtseinheiten und eine förderorientierte Beratung von Schülern und Eltern. Die Lernenden können ihre eigene Einschätzung vor und nach der Arbeit mit der Rückmeldung vergleichen, den Differenzen nachspüren und sich bewusst neue Ziele setzen. Diese Offenheit fördert das Vertrauen in die Lehrkraft und in ihre Förderabsicht. Die Befürchtung, der Lehrer nehme nur das nicht Geleistete wahr oder sei in seiner Wahrnehmung befangen und behandle nicht alle gleich, nimmt ab.

## Achtung!

Wenn die Leistungen einzelner Schüler deutlich hinter den Erwartungen zurückbleiben, sollten diese konkreten Befunde zeitnah für eine erweiterte Diagnose der Ursachen, eine individuelle Lernberatung in einem Fördergespräch und/oder für eine Lernvereinbarung genutzt werden.

## Gleich mal ausprobieren

Geben Sie direkt nach der Arbeit den Schülern einen konkreten Reflexionsauftrag (Arbeitsblatt) zur Rückblende auf die Bearbeitung der einzelnen Anforderungen und zur Artikulation des subjektiven Empfindens des Schwierigkeitsgrads der Aufgaben. Diejenigen, die vorzeitig fertig sind, erledigen den Auftrag sofort, die übrigen als Hausaufgabe. Mit diesem Verfahren können die Schüler und Sie erkennen, ob die Leistungsanforderungen angemessen waren und das eigene Können realistisch eingeschätzt werden kann. Dies fördert eine hilfreiche Selbstwahrnehmung und damit die personale Kompetenz.

## Um die Ecke gedacht

Solche metakognitiven Prozesse (Tschekan 2011, S.104f.) sind kennzeichnend für kompetente Lerner, müssen aber ebenfalls vermittelt werden, weil unbewusste Metakognition nicht zu bewussten Entscheidungen führt, sondern allenfalls zur Wiederholung einer unbewussten Erfahrung.

## NEUORIENTIERUNG DES UNTERRICHTS

# 77

Nach Beendigung einer kompetenzangereicherten Unterrichtseinheit wird eine Neuorientierung vorgenommen. Auf der Grundlage des erreichten Kompetenzstands ist zu überlegen, welche der entwickelten Teilkompetenzen in der nächsten Einheit zur Anwendung kommen bzw. gefestigt werden sollen. Das heißt: Auch wenn es in der nächsten Unterrichtssequenz keine inhaltliche Anknüpfung über die Thematik gibt, wie das oft der Fall ist, werden neu erworbene fachliche, fachmethodische und überfachliche Kompetenzen in der nächsten Lernschleife (Tipp 63) wieder aufgegriffen. Sie werden mit neu herausfordernden Kompetenzerwartungen verknüpft, die das gewählte Inhaltsfeld nahelegt, und hierdurch weiterentwickelt. Nur so ist Lernen als kumulativer, vernetzter Prozess nachhaltig sowie hirngerecht und führt zu selbstständigem kompetentem Handeln in komplexen Anforderungssituationen. Dieses Vorgehen bietet darüber hinaus den Vorteil, dass der diagnostische

❯ Tipp 63

Einblick des Lehrers im Zeitverlauf immer differenzierter wird, weil er nicht nur die punktuellen Leistungen in getrennten Themengebieten und bei unterschiedlichen Lerngegenständen beobachtet, sondern jeweils eine prozessorientierte Perspektive auf das leitende Ziel seines Unterrichts – den langfristigen Kompetenzaufbau – einnimmt.

## Achtung!

Bei der Entwicklung eines schulorientierten Kompetenzcurriculums ist auf den kumulativen Aufbau und die vertikale, fächerübergreifende Vernetzung der Kompetenzen zu achten. Die Themenfolge ist auf diese Zielsetzung hin zu überprüfen.

## Gleich mal ausprobieren

Formulieren Sie bei der Planung Ihrer nächsten Einheit zunächst, welche Teilkompetenzen aus der letzten Unterrichtssequenz gefestigt und vertieft werden sollen. Prüfen Sie anschließend, in welchen Phasen und bei welchen Aufgaben dies möglich ist.

## Um die Ecke gedacht

❯Tipp 76
❯Tipp 18

❯Tipp 17

❯Tipp 50

Wird der Erwartungshorizont (Tipp 76) als Rückmeldebogen für die Schüler mit konkreten Indikatoren (Tipp 18) angelegt und werden für die Diagnose des Grads der Kompetenzerreichung Niveaustufen herangezogen (Tipp 17), kann dies für die Konstruktion binnendifferenzierender Angebote (Tipp 50) für Niveaugruppen in zukünftigen Unterrichtseinheiten nutzbar gemacht werden. Die Niveaustufen können auch aus der Korrektur gewonnen und mit den lernzeitbezogenen Kompetenzerwartungen abgeglichen werden, um die eigene Lerngruppe besser einschätzen zu können.

# 78

Kompetentes Handeln setzt Wissen, Können und Wollen voraus. Die häufige Klage über fehlende Motivation, scheinbare Interesselosigkeit und reine Notenfixiertheit vieler Schüler zielt auf Einstellungen und Haltungen der Lernenden, die Lehrer als Belastung im alltäglichen Unterricht erfahren. Viele Schüler erleben sich wiederum als fremdbestimmt durch Prüfungsvorgaben, abstrakte Anforderungen des Lehrplans sowie der Bildungsstandards und nicht genügend in ihren Neigungen und Möglichkeiten gefördert. Es besteht die Gefahr, dass standardorientierter Unterricht die Unmündigkeit, Unlust und Apathie verstärkt, wenn er als Kompetenztraining daherkommt, das subjektive Lernbedürfnisse und objektive Lernerfordernisse nicht in konstruktivistischer Weise verknüpft. Problemhaltige, authentische Anforderungssituationen (Tipp 24) fördern nicht nur die Motivation und den Leistungswillen stärker durch ihren „Ernstcharakter", sie ermöglichen auch das Erleben der eigenen Kompetenz und tragen so zur Entwicklung eines positiven Selbstkonzepts bei.

❯Tipp 24

Es ist daher jedes Schuljahr zu prüfen, welche Fachinhalte sich für die Ausbildung der Kompetenzen mittels problemhaltiger Lernaufgaben besonders eignen, welche eher in kompetenzangereicherten Unterrichtssequenzen entwickelt werden sollten.

## PPROBLEMHALTIGE, AUTHENTISCHE ANFORDERUNGSSITUATIONEN

# 79

Ein Weg, wie Lernen und Leisten von Schülern als subjektiv bedeutsam für das gegenwärtige und zukünftige Leben erfahren werden kann, besteht darin, an den Anfang einer Unterrichtssequenz eine problemhaltige, authentische Anforderungssituation zu einem inhaltlichen Kontext zu stellen und den Schülern größere Möglichkeiten der Selbststeuerung bei der Bearbeitung der darin enthaltenen fachlichen und überfachlichen Probleme sowie der Erarbeitung des dafür nötigen Wissens zu geben. So können didaktische Konzepte des problemorientierten und projektorientierten Unterrichts unter dem Aspekt der Kompetenzentwicklung weiterentwickelt werden. Durch entsprechende Lernarrangements kann das Spannungsfeld von Konstruktion

❯ Tipp 84 (Tipp 84) und Instruktion bei der Bewältigung einer Lern-
❯ Tipp 46 aufgabe (Tipp 46) so gestaltet werden, dass es für die Schüler lerneffektiv ist.

### Achtung!

Nutzen Sie Ihre Erfahrungen mit Projektunterricht für die Gestaltung des Unterrichts mit Lernaufgaben in offenen Lernarrangements. Jede Offenheit braucht Struktur in der Gestaltung der Lernumgebung, Regeln für kooperatives Arbeiten, klare Phasentrennung zwischen Konstruktion und Instruktion sowie Vereinbarungen für die Zeitnutzung und die Ergebnissicherung. Andernfalls sind die Schüler mit der Selbststeuerung überfordert.

## 80 GUTE LERNAUFGABEN

Im Prozess eines didaktisch fundierten, inhaltsbezogenen Kompetenzerwerbs jedes Fachs spielt die Qualität der Lernaufgaben eine zentrale Rolle. Lernaufgaben zu realen oder symbolisch bzw. sprachlich repräsentierten, exemplarischen Anforderungssituationen werden so gestaltet, dass für ihre Bewältigung ein fachlicher und fachmethodischer Wissens-, Verstehens- und Könnenszuwachs erforderlich ist und dadurch eine zentrale Fachkompetenz erweitert wird. Ein hoher Aufforderungscharakter einer problemhaltigen Lernaufgabe entsteht oft durch die Wahl eines motivierenden, anspruchsvollen Lernprodukts. Die Schüler können sich über das Lernprodukt (sprach)handelnd als kompetent erleben. Eine gelungene Verbindung von für die Lerngruppe angemessenen fachlichen und überfachlichen Anforderungen bei der Erarbeitung einer Problemlösung und ihrer Repräsentation in einem Lernprodukt kann das subjektive Interesse an der Bewältigung von Problemen, die innere Bereitschaft zur Überwindung von Schwierigkeiten, reflektierte Einstellungen und das kritische Urteilsvermögen wirksam fördern. Hierin realisieren sich Bildungsziele (Tipp 53), die über rein funktionale Kompetenzerwartungen hinausweisen (Tipp 49).

❯Tipp 53

❯Tipp 49

## Achtung!

Problemhaltige, authentische Anforderungssituationen setzen Weltwissen voraus, beinhalten fachübergreifende Aspekte und erfordern methodische Kompetenz. Die Kooperation im Jahrgangsteam kann eine Vernetzung der Kenntnisse und methodischen Fähigkeiten ermöglichen und unproduktive Dopplungen vermeiden. Nicht alle Themen oder Gegenstände sind für Lernaufgaben geeignet. Auch können Anforderungssituationen, in denen das zu vermittelnde Fachwissen benötigt wird, zu komplex für einen altersgemäßen Unterricht sein.

## Gleich mal ausprobieren

Mit einer Planungsmatrix für die Analyse der Aufgabenschwierigkeit (vgl. http://www.kmk-format.de) können Sie Ihre didaktische Planung systematisieren. Diese hilft Ihnen, alle wesentlichen Voraussetzungen zu bedenken und die Übersicht über den kumulativen Kompetenzaufbau zu behalten.

## Um die Ecke gedacht

Sie können aus aktuellen Lehrwerksmaterialien komplexere alltagsrelevante Situationen oder Fälle konstruieren, für deren Lösung das Lehrwerk einzelne Hilfen (Informationen, Lern- und Übungsschritte) bereithält. Analysieren Sie, welche Wissens-, Verstehens-, Könnens- und Verhaltensanforderungen in dieser Lernaufgabe liegen, und formulieren Sie, welchen Bildungsgehalt und inhaltsbezogenen Kompetenzzugewinn Sie sich erwarten. Berücksichtigen Sie dabei die Lernausgangslage Ihrer Lerngruppe: Vorwissen, sprachliche Mittel, vorhandene Kategoriensysteme und Erklärungsschemata, Methodenkompetenz, Kooperationsfähigkeit, Selbstständigkeit und Einstellungen zu den angebotenen Inhalten.

## 81 LERNAUFGABEN ENTWICKELN

In einer situativ eingebetteten Lernumgebung wird den Schülern authentisches Material und eine daraus ableitbare, motivierende, problemhaltige Anforderungssituation als Einstieg in eine Lernsequenz angeboten. Ausgangspunkt können z. B. Bilder, Film- oder Hörsequenzen, Grafiken, literarische Texte, Sachtexte, Zitate, Fallsituationen, Gegenstände oder Beobachtungen sein, die so präsentiert werden, dass sie eine kognitive Dissonanz auslösen, eine Frage oder ein Problem aufwerfen, das die Schüler identifizieren und dessen fachlichen Gehalt sie erkennen können.

**Kognitive Dissonanz**

Eine geeignete Lernaufgabe ermöglicht ihnen
- divergentes Denken,
- das flexible Anwenden von altem und neuem Fachwissen,
- den überlegten Einsatz von Strategien und Methoden,
- eine selbsttätige Aneignung von Teilkompetenzen für das Verstehen neuer Inhalte,
- eine möglichst selbsttätige kooperative Entwicklung eines Lösungsansatzes und die Fähigkeit, diesen zu realisieren sowie in geeigneter Form zu präsentieren,
- Anwendungs- und Transfererfahrungen,
- eine handelnde Erprobung, um sich als zunehmend kompetent zu erfahren,
- eine kriteriengeleitete Selbst-/Fremdeinschätzung.

Ihre exemplarische Auseinandersetzung mit realen Problemen zielt folglich auf die Entwicklung von Problemlösefähigkeiten und Modi des Weltzugangs ab. Mit komplexen, problemhaltigen Lernaufgaben lässt sich daher zugleich ein leitendes, fachübergreifende und überfachliche Kompetenzen einbeziehendes Bildungsziel (Tipp 53) verwirklichen, das bewusst formuliert werden sollte. Zu beachten ist, dass durch die Abfolge von Lernaufgaben in einem planvollen Aufgabencurriculum (Tipp 58) ein kumulativer Kompetenzaufbau und die Ausbildung von Fähigkeiten und Fertigkeiten ermöglicht werden müssen, damit die Bildungsstandards erreicht werden können. Ausführliche Hinweise zur Gestaltung von Lernaufgaben finden Sie in Kiper/Meints/Peters u. a. (2010).

❯ Tipp 53

❯ Tipp 58

## LERNAUFGABEN ÜBERPRÜFEN

# 82

Es ist ratsam, das Potenzial von Lernaufgaben, die eine längere Unterrichtssequenz steuern sollen, für die fachliche und überfachliche Kompetenzentwicklung genauer zu untersuchen (Tipp 23).

❯ Tipp 23

Die Überprüfung sollte in zwei Richtungen gehen:
- Welche Kompetenzbereiche des Faches und welche Teilkompetenzen daraus lassen sich mit der Lernaufgabe im Kontext welchen Bildungsziels fördern?
- Welches Potenzial hat die Aufgabe für einen kompetenzorientierten Lernprozess, in dem auch überfachliche Kompetenzen erweitert werden können?

## Gleich mal ausprobieren

Mit der folgenden Liste von Kriterien für die Einschätzung einer Lernaufgabe, die auch die von Leisen (2010) formulierten Qualitätskriterien aufgreift, können Sie das Potenzial eigener oder fremder Lernaufgaben für die Kompetenzerweiterung im Lernprozess einschätzen.

## Kriterien für die Einschätzung von Lernaufgaben

| Die vorliegende Lernaufgabe zu _____ | trifft voll zu | trifft teil- weise zu | trifft nicht zu |
|---|---|---|---|
| enthält ein relevantes Bildungsziel. | | | |
| berücksichtigt das Erfahrungsfeld der Schüler. | | | |
| verknüpft vorhandenes Wissen mit neuem. | | | |
| ermöglicht die Entwicklung methodischer Kompetenzen. | | | |
| erlaubt unterschiedliche Lösungsstrategien. | | | |
| ist vielfältig bezüglich möglicher Lernprodukte. | | | |
| regt zu einem handelnden Umgang mit Wissen an. | | | |
| erweitert die Bewertungs- und kritische Urteils- fähigkeit. | | | |
| stärkt das Könnensbewusstsein durch erfolg- reiches Bearbeiten/Üben (Passung). | | | |
| ermöglicht kriteriengeleitete Rückmeldungen. | | | |
| fördert das Nachdenken über Lernen. | | | |
| fördert die individuelle Selbstständigkeit. | | | |
| ermöglicht die Entwicklung der Kooperations- fähigkeit. | | | |
| fördert die Kommunikationsfähigkeit. | | | |
| ist orientiert am langfristigen Kompetenzaufbau (horizontale und vertikale Vernetzung). | | | |

# 83

Es ist die Aufgabe des Lehrers, die Schüler vor anspruchs-volle, herausfordernde Lernsituationen zu stellen und ihnen zu helfen, diese Situationen zu meistern. Er stellt komplexe Lernaufgaben und geeignete Methoden, Materialien und Medien in einer dezidiert didaktisch auf den intendierten Kompetenzerwerb hin ausgerichteten Lernumgebung zur Verfügung und moderiert den Prozess der Problemfindung und Komplexitätsreduktion, gibt bei Bedarf kurze Instruktionen und sorgt für Kooperation und diskursiven Austausch beim Erarbeiten der Lösungsideen und des Lernprodukts. Wichtig ist, dass ungeübte Gruppen nach einer Ideenfindungsphase verschiedene Lösungsansätze sammeln und im Plenum reflektieren können, damit sie sich nicht in ungeeigneten Ansätzen verlieren oder keinen Ansatz finden und frustriert werden, weil sie zu keinem Ergebnis gelangen. Die Lerngemeinschaften präsentieren abschließend ihren Lösungsvorschlag und erhalten eine kriteriengeleitete Rückmeldung aus dem Plenum zur Qualität ihres Lösungsversuchs und Lernprodukts (Tipp 51, 79). Indem sie ihr Lernprodukt selbst kriteriengeleitet überprüfen, ihren Lernweg reflektieren und dadurch metakognitiv verankern, gewinnen die Schüler Einsichten in ihren Kompetenzstand, überwachen ihren Kompetenzerwerbsprozess und entwickeln Selbstwirksamkeitsüberzeugungen (Tipp 45), die ein lebenslanges Lernen begünstigen (vgl. Riedel 2004, S. 78).

❯ Tipp 51, 79

❯ Tipp 45

## Um die Ecke gedacht

„Bildung ist das, was übrig bleibt, wenn wir alles vergessen haben, was wir in der Schule gelernt haben. Wer stattdessen allein mehr Wissen vermitteln will, der versteht die Aufgabe der Schule nicht. Die Schule hat Schülern Modi des Weltzugangs zu vermitteln, nicht in erster Linie Wissen." (Tenorth 2011, S. 30)

# 84

## VON DER ANFORDERUNGSSITUATION AUSGEHEN

Wollen Sie Schüler dazu bewegen, sich explorativ zu verhalten, müssen Sie sicherstellen, dass diese Kontrolle über ihr Lernen haben und mit den entsprechenden Gefühlen belohnt werden. Suchen Sie nach Materialien mit problemhaltigen Anforderungssituationen oder nach authentischen Kommunikationssituationen, zu deren Bewältigung die Schüler Fachinhalte heranziehen müssen und für die geforderte fachbezogene und überfachliche Kompetenzen benötigt werden (*Learning in doing*). Dabei hilft häufig ein Blick auf aktuelle Probleme in unserer Umwelt und ihre Repräsentation in den Medien. Aus einem Zeitungsbericht über Solaranlagen auf Ackerland ergeben sich physikalische, ökonomische, politische Problemstellungen, an denen die Schüler lernen können, welchen Beitrag die Fächer für die Klärung leisten können. Sie analysieren die in der Lernaufgabe enthaltenen Probleme und Anforderungen, um anschließend eigenständige Lösungen zu erarbeiten und auszuprobieren sowie ihr Vorgehen einschließlich der

❯ Tipp 79

begleitenden Fehler und Irrtümer zu reflektieren (Tipp 79). In diesem Prozess entwickeln sie durch die notwendige interdisziplinäre Vernetzung fachlichen Detailwissens und Weltwissens Fertigkeiten, neue Einsichten und ein erweitertes Urteilsvermögen. Folglich kommt der Qualität dieses

❯ Tipp 88

Prozesses und der Prozess-Steuerung (Tipp 88) durch die Lehrkraft eine besondere Bedeutung zu (vgl. Leisen 8/2010).

### Gleich mal ausprobieren

❯ Webcode

Planungshilfe für eine Unterrichtssequenz in Anlehnung an das kompetenzorientierte Unterrichtsskript von Josef Leisen (vgl. Leisen 2010): **Webcode KU233342-007**

Die Präsentation der Lernaufgabe bzw. Anforderungssituation dient im kompetenzorientierten Unterricht der affekti-
ven und kognitiven Aktivierung der Lerngruppe (Tipp 24). ›Tipp 24 **85**
Eine gelungene Situierung der Lernaufgabe in der sozialen
Umwelt mit authentischem Material enthält einen Appell an
die Schüler, das offene Problem zu identifizieren, Widersprüche zu bisherigen Vorstellungen zu erkennen (kognitive Dissonanz), ihr Vorwissen offen auszutauschen, Lösungsziele und Lösungswege zu diskutieren, ihren Arbeitsprozess
mit der Lehrkraft zu planen. Ob dem Lehrer eine kognitive
Aktivierung gelungen ist, erkennt er an der engagierten Beteiligung, der Art der Fragen, an den ausführlichen und
differenzierten Aussagen, an der Vielfalt der Ideen. Neugier
auf und Offenheit für die subjektiven Vorstellungen und
Deutungsversuche der Schüler sind unerlässlich.

## Um die Ecke gedacht

Die Schüler bearbeiten im Lehrwerksunterricht oder in der
kompetenzangereicherten Lernspirale häufig die vom
Lehrer vorgegebenen Ziele und Aufgaben ohne große innere Beteiligung. Aktuelle Lehrwerke versuchen zwar,
durch eine schülergerechte Auflistung der zu erwerbenden Teilkompetenzen Transparenz und durch das Angebot
von problemorientierten, offenen Lernumgebungen Motivation herzustellen. Gleichwohl sind die Persönlichkeit,
die engagierte Darbietung des Problems und die pädagogische Haltung des Lehrers von zentraler Bedeutung für
eine gelungene kognitive und affektive Aktivierung der
Schüler (vgl. Hattie 2009).

## Gleich mal ausprobieren

Die folgenden Impulse für die emotionale und kognitive Aktivierung zu Beginn der Unterrichtseinheit/-stunde und zur
aktiven Kontrolle des Lernprozesses durch die Schüler bieten
sich zur Erprobung an:

- Das Problem, den Fall, die Situation möglichst herausfordernd, gegebenenfalls mittels medialer Unterstützung präsentieren oder durch einen Widerspruch bzw. eine Behauptung eine kognitive Dissonanz erzeugen.
- Die Schüler zum Aufstellen mutiger Behauptungen, Vermutungen, Fragen, Lösungsziele auffordern; dies kann je nach Lernatmosphäre und Brisanz des Problems im direkten Klassengespräch, im protokollierten Kleingruppengespräch oder über ein Schreibgespräch, ein Placemat-Verfahren, eine Mindmap etc. erfolgen. Die Ergebnisse werden nach der ❯ Tipp 32 Sammlung und Besprechung zu einem Netzwerk (Tipp 32) von Themen und Unterthemen verarbeitet, das die einzelnen Aspekte des Problems und ihren möglichen Zusammenhang visualisiert. Dieses Netzwerk wird im laufenden Prozess gemeinsam korrigiert oder erweitert, ist also auch ein Mittel der Prozess-Steuerung.
- Im nächsten Schritt die Gruppe überlegen lassen, welche Kenntnisse, Methoden, Strategien für die Erarbeitung einer Lösung nötig sind. Hier können Sie durch eine geschickte Gesprächsführung Impulse setzen und Unterstützung geben. ❯ Tipp 61 Daraus entsteht eine kognitive Landkarte (Tipp 61).
- Abschließend lassen Sie klären, wie ein geeignetes Lernprodukt aussehen könnte und wie dies präsentiert und ausgewertet werden soll.

### Achtung!

Dieser schülerorientierte Prozess braucht eine klare Phasenstruktur. Es ist wichtig, dass Sie für die Lerngruppe das Vorgehen und die damit verbundenen Ziele transparent machen. Die Ergebnisse jeder Phase müssen so dokumentiert werden, dass sie jederzeit abrufbar sind. Hier helfen Plakate im Unterrichtsraum oder Visualisierungen mit Computerprogrammen, die dann z.B. am Smart Board aufgerufen werden können. Hinweise finden Sie bei Brüning/Saum (2008).

Die Schüler diskutieren nach der gemeinsamen Analyse der Anforderungssituation konkrete Schritte zur Erarbeitung einer Problemlösung/des Lernprodukts und überlegen, was sie dazu wissen und können sollten. Sie klären gemeinsame und individuelle Handlungsoptionen auf dem Weg zur Lösung. Mit einer kognitiven Landkarte als Planungs- und Entscheidungshilfe, einem Themenplan, einem Struktogramm oder anderen Verfahren des *Advance Organizing* (Tipp 61) können sich die Lernenden anschließend während des gesamten Bearbeitungsprozesses über die Ziele, ihre Strategien zur Zielerreichung, aufeinanderfolgende Arbeitsschritte und notwendige Entscheidungen auf dem Weg zur Problemlösung klar werden. Mit diesen Instrumenten kann der Lehrer zugleich an das individuelle Vorwissen (Tipp 27, 28) und die subjektiven Verstehenskonstrukte anknüpfen und offenlegen, welche Kompetenzen im Bearbeitungsprozess entwickelt werden können.

❯Tipp 61

❯Tipp 27, 28

Kompetenzraster (Tipp 66) mit konkreten Indikatoren für die zu erwerbenden zentralen Fachkompetenzen und/oder methodischen Kompetenzen können den intendierten Lernprozess verdeutlichen und die Selbststeuerung der Schüler unterstützen. Gemeinsam mit der Lerngruppe können auch Teilkompetenzen formuliert werden, die an der Lernaufgabe entwickelt werden.

❯Tipp 66

Selbsteinschätzungsverfahren zum bereits vorhandenen Wissen und Können (Tipp 65) verhelfen den Lernenden zur Planung des individuellen Lernwegs während der notwendigen Wissensaneignungs- und Übungsphasen, die den kooperativen Problemlösungsprozess flankieren. Sie helfen auch bei der Entscheidung für die Übernahme von Teilaufträgen bei der Erstellung des Lernprodukts.

❯Tipp 65

## Gleich mal ausprobieren

Selbsteinschätzungsbogen zu einer Pro-Kontra-Debatte: **Webcode KU233342-008**

❯ Webcode

**Achtung!**

Kompetenzraster eignen sich nicht für alle Bildungsinhalte. Wenn es um interpretatorische oder kreative Schülerleistungen geht, ist es schwierig, Teilkompetenzen zu operationalisieren, ohne die Lernenden auf Lösungen zu fixieren. Komplexe, inhaltsbezogene Lernaufgaben lassen sich meist nur in ihren methodischen Kompetenzanteilen erfassen. Außerdem schrecken insbesondere niveauorientierte Kompetenzraster die Schüler ab, wenn ihre Bewertung davon abhängig ist, wo sie sich verorten oder verortet werden. Als Orientierungshilfe (Tipp 66) für das individuelle Lernen sind sie hilfreich.

❯ Tipp 66

Lernlandkarten sind geeignet, wenn eine Lernaufgabe mehrere gleichrangige Aspekte oder Aufgabenteile beinhaltet. Ist eine strenge Abfolge von Bearbeitungsschritten geboten, ist ein visualisierter Themenplan (Flussdiagramm) zu empfehlen.

# 87 VIELFÄLTIGE LERNWEGE ERÖFFNEN

Wenn den Schülern vielfältige, individuelle Lernwege eröffnet werden sollen, ist neben einer motivierenden Lernaufgabe die Auswahl von geeigneten Materialien, Methoden, Medien und Arbeitsformen zur Bearbeitung von Bedeutung. Leisen spricht von materialer Steuerung. Kompetenzorientierter Unterricht nutzt die Lerngruppe als Aktivitätssystem und bietet ihr mittels einer günstigen Lernumgebung (Tipp 51) die äußeren Bedingungen für möglichst selbstgesteuertes Arbeiten: eine anregende Raumausstattung (Unterstützung durch Materialien, Recherchemöglichkeiten, Medien), eine moderierende, beratende und instruierende Lehrkraft – je nach Arbeitsprozess und Lernerbedürfnis (vgl. Leisen 2011).

❯ Tipp 66

Kooperative Phasen des Versuchs der selbstständigen Konstruktion von Lösungsansätzen werden flankiert von Phasen der notwendigen Instruktion zur Klärung fachlicher Sachverhalte und Verfahren sowie der regelmäßigen Reflexion der Vorgehensweisen. Kooperative Arbeitsformen mit positiver Abhängigkeit der Beteiligten ermöglichen folglich individualisiertes Lernen (Tipp 52) bei gleichzeitiger Zielklarheit, sofern passende Lernarrangements angeboten werden. Wenn Möglichkeiten der inhaltlichen und/oder methodischen Vernetzung mit anderen Lernbereichen und Fächern bedacht und genutzt werden, können die Schüler ihre vorhandenen individuellen Kompetenzen nutzbar machen und häufig einen neuen Zugang zu als schwierig oder fremd empfundenen Fachproblemen gewinnen.

❯ Tipp 52

## Achtung!

Kompetenzorientiert unterrichten bedeutet also nicht, Gruppen über Stunden allein an ihrem Problem werkeln zu lassen, um am Ende überrascht festzustellen, dass einige Gruppen gescheitert oder ihre Lernprodukte (Tipp 92) äußerst defizitär sind. Wenn die Gruppen ihre Strategien und Probleme im Plenum nach jeder Arbeitsphase mit dem Ziel der wechselseitigen Beratung offenlegen, kann dies weitgehend vermieden werden. Dabei wird deutlich, welche Instruktionen erforderlich sind, damit selbstständig weitergearbeitet werden kann.

❯ Tipp 92

## Um die Ecke gedacht

Notwendige Instruktionen können durch reziprokes Lernen oder *Peer tutoring* erfolgen. Schüler eignen sich z. B. Expertenwissen für Teildimensionen an und bringen dieses in den gemeinsamen Problemlösungsprozess der Gruppe ein. Hierfür stehen als Methoden auch das *Think-Pair-Share*-Verfahren oder das Expertenpuzzle zur Verfügung, mit denen sich gleichzeitig überfachliche Ziele, wie die Kooperationsfähigkeit und die individuelle Lernkompetenz, in einem fachbezogenen inhaltlichen Kontext entwickeln lassen. Brüning/Saum (2006 und 2009) bieten hierfür konkrete Anleitungen.

## Gleich mal ausprobieren

Die folgenden Impulse für ein *Think-Pair-Share*-Verfahren zur selbstständigen Konstruktion von Lösungsansätzen können den Lernenden helfen, kooperativ einen Lösungsansatz zu entwickeln.

Phase 1 – Die Schüler arbeiten einzeln: Meine Fragen/mein Vorwissen zum Problem/Auftrag.

Phase 2 – Partnerarbeit: Austausch über die Fragen und Kenntnisse; mögliche Lösungswege formulieren.

Phase 3 – Lösungsvorschläge in der Gruppe vortragen, diskutieren, bewerten, das weitere Vorgehen festlegen.

## OFFENE LERNPROZESSE WIRKUNGSVOLL BEGLEITEN

# 88

▶Tipp 64

Es ist die Aufgabe des Lehrers, im kompetenzorientierten Unterricht Orientierung (Tipp 64) zu geben und zu erhalten. Dies erfordert unterschiedliche Lehrerrollen in den unterschiedlichen Lernphasen:

- ▬ Moderation der Lerngruppengespräche in der Problemfindungs-, Planungs- und Präsentationsphase;

▶Tipp 33, 34, 35

- ▬ teilnehmende diagnostische Beobachtung bei der Lösungsentwicklung und Produkterstellung (Tipp 33, 34, 35), um einen Eindruck von den vorhandenen und fehlenden Kenntnissen zu gewinnen und notwendige Instruktionen oder Materialien darauf abzustimmen;

▶Tipp 44

- ▬ Beratung der Schüler in Form von Lerncoaching-Gesprächen (Tipp 44), die an lösungsorientierten Beratungsformen orientiert sind, z. B. Fragetechnik nach Steve de Shazer (de Shazer 1985);
- ▬ Lenkung im entwickelnden Unterrichtsgespräch bzw. personale Instruktion bei der Erarbeitung von notwendigen Wissens- und Verstehensvoraussetzungen im Plenum;
- ▬ Anleitung zur Selbstreflexion und zur hilfreichen Rückmeldung für Mitschüler;
- ▬ Ermutigung und Bestätigung;

- Beurteilung zur Orientierung der Schüler über ihren Lernstand und die erkennbaren Kompetenzen in Feed-back-Gesprächen.

## Gleich mal ausprobieren

Selbsteinschätzungsbögen, die Partnereinschätzung oder lernproduktbezogene Checklisten geben, wenn sie sinnvoll eingesetzt werden, den Schülern Orientierung, ermöglichen eine angeleitete Selbstreflexion und Selbstkontrolle. Andererseits erlauben sie dem Lehrer wichtige diagnostische Einblicke in individuelle Entwicklungsstände. Der Umgang mit prozessbegleitenden Checklisten muss allerdings sorgfältig eingeführt werden.

## Um die Ecke gedacht

Wenn die Schüler ihre Lernwege oder Gruppenarbeitsprozesse dokumentieren (Logbuch, Lerndossier, Arbeitsplan, Gruppenprotokoll, Lernbegleitbogen etc.), ermöglicht dies eine genauere Diagnose, Beratung und formative, unbewertete Beurteilung. Gleichzeitig wird schneller sichtbar, welche instruktive Unterstützung von der Gesamtgruppe, welche von einzelnen Schülergruppen benötigt wird (Tipp 33).

❯ Tipp 33

# 89

## CHECKLISTEN FÜR LERNPRODUKTE ENTWICKELN

Nach der gemeinsamen Verständigung über ein sinnvolles Lernprodukt und der Erarbeitung der notwendigen Wissensvoraussetzungen für die Bewältigung der spezifischen Anforderungssituation ist es hilfreich, die Erwartungen an das Lernprodukt mithilfe konkreter Indikatoren formulieren zu lassen. Diese gemeinsam erstellte Checkliste ermöglicht den Gruppen eine zielgerichtete Planung der Produkterstellung und sorgt für das Erreichen von Mindeststandards auch bei schwächeren Schülern.

### Um die Ecke gedacht

Der Lehrer entwickelt „eine Aufgabenstellung, die auf ein schlüssiges Lernprodukt zielt. Er informiert über das Lernmaterial, erläutert Methoden, gibt ggf. gestufte Erschließungshilfen evtl. durch schrittweise geführte Arbeitsaufträge und nennt Strategien. Das Lernprodukt muss ggf. vorentlastet (Minds on before hands on) werden. Die Lerner müssen wissen, zu welchem Zweck sie das Lernprodukt herstellen und welche Anforderungen an das Produkt gestellt werden, d.h., die Qualitätsmerkmale müssen bekannt sein. Unterstützungsangebote, z.B. durch ‚Halbfertigprodukte‘, können gegeben werden. Die Lehrkraft diagnostiziert die Schwierigkeiten bei der Bearbeitung, unterstützt individuell und meldet zurück im Sinne einer individuellen Lernbegleitung." (Leisen 2011, S.5)

### Gleich mal ausprobieren

Sie können auch eine in einem Lehrwerk vorgegebene, allgemein formulierte Checkliste z.B. zu einer Präsentation oder zu einem Plakat im Hinblick auf die spezifische Anforderungssituation konkretisieren lassen. Gehen Sie dabei von einem bereits erstellten Lernprodukt (Gruppenergebnis) aus, teilen Sie die dafür benötigten Teilkompetenzen auf Schülergruppen auf und lassen Sie die Gruppen konkrete, positiv formulierte Indikatoren für das Vorhandensein entwickeln. Dies ist für mündliche, schriftliche, gestaltende Lernprodukte gleichermaßen möglich (z.B. für eine Pro-Kontra-Debatte, die Analyse und den kritischen Kommentar zu einer Rede, einen Leserbrief oder Lexikoneintrag, eine Kür in Sport, eine gestalterische Lösung in Kunst). Überprüfen Sie die Formulierungen gemeinsam im Plenumsgespräch, bevor Sie daraus eine schriftliche Liste für die Selbstbeobachtung oder Partnerrückmeldung machen. Durch diese metakognitive Strategie konkretisieren sich für die Schüler die Kompetenzerwartungen.

Checkliste zu einer Pro-Kontra-Erörterung:
**Webcode KU233342-009**

❯ Webcode

## Achtung!

Hilfreich sind Checklisten und Selbsteinschätzungsbögen nur, wenn sie über sehr konkrete Indikatoren die erwarteten Kompetenzen für die Schüler verdeutlichen. Viele Checklisten in Lehrwerken bleiben erfahrungsgemäß zu vage und allgemein.

Beispiel: „Ich kann über komplexe Sachverhalte schreiben" ist für eine 8. Jahrgangsstufe in Deutsch nicht hilfreich, weil je nach Textsorte unterschiedliche Teilkompetenzen und Wissensvoraussetzungen impliziert sind, die die Lernenden sich aus dieser Formulierung nicht erschließen können. Woran wird sichtbar, dass jemand über komplexe Sachverhalte schreiben kann? Aus den detaillierten Antworten auf diese Frage ergeben sich brauchbare Indikatoren.

# 90

Wie können Schüler die an einer Lernaufgabe erworbenen Kompetenzen erproben, festigen, erweitern und richtig einschätzen? Wichtig ist nach der Bearbeitungsphase eine plenare Rückblende auf den Arbeitsprozess, die Strategiewahl, überwundene Schwierigkeiten und offene Fragen (Metakognition). Mit Selbst- und Partnerdiagnosen können nach der Präsentation der Lernprodukte erworbene Kenntnisse in der gesamten Lerngruppe vor der Bearbeitung von bewerteten

❯ Tipp 64, 65 Leistungsaufgaben erhoben werden (Tipp 64, 65).

Diagnoseaufgaben für einzelne Kompetenzbereiche, wie sie sich in neuen Lehrwerken finden, können ebenso für die Feststellung der fachlichen Kenntnisse herangezogen werden. Die von anderen Schülergruppen der Jahrgangsstufe bewältigten Lernaufgaben zum Themenbereich (Aufgabentausch) sind gut als Transferaufgaben geeignet. Auch partiell unzureichende (anonymisierte) Lösungen zu diesen Aufgaben können für die Erprobung der erworbenen Kenntnisse und Fähigkeiten für starke Lerner genutzt werden, indem man sie diese überprüfen, beurteilen und überarbeiten lässt (Hausaufgabe). Aufgabenformate mit Richtig-falsch-Aussagen oder Auswahlantworten mit Begründung der Entscheidung eignen sich häufig als Hausaufgabe für die rasche Einschätzung und Festigung von Kenntnissen und Strategien, wenn sie entsprechend konzipiert sind. Ihre Konstruktion bereitet Schülern Freude und veranlasst sie zu einer tieferen kognitiven Durchdringung. Wenn sich die Schüler über ihren Kompetenzstand bewusst geworden sind, setzen sie sich individuelle Ziele für die sich anschließende Phase des individualisierten Übens/Anwendens/Vertiefens mit differenzierten Aufgabenangeboten.

## Achtung!

Zum Abschluss einer Einheit kann das Anwenden der neu erworbenen Kenntnisse, Fähigkeiten und Fertigkeiten in komplexeren, z.B. fachübergreifenden Anforderungssituationen den Kompetenzzuwachs verdeutlichen und den flexiblen Transfer des an der Lernaufgabe gewonnenen Wissens und Könnens auf neue Situationen schulen. Beispiel: Podiumsdiskussion in der Kooperation von Physik, Politik und Wirtschaft zur Frage einer nachhaltigen und wirtschaftlichen Energieversorgung.

## Um die Ecke gedacht

Im Jahrgangskollegium können arbeitsteilig geeignete Diagnoseaufgaben konstruiert und ausgetauscht werden, was neben der Zeitersparnis auch eine innerschulische Verständigung über und Abstimmung von Kompetenzerwartungen ermöglicht. Dies ist vor allem in der Phase der Einführung und Erprobung des kompetenzorientierten Unterrichts auf dem Weg zum Schulcurriculum wichtig, weil subjektive Interpretationen der Kompetenzerwartungen und Niveaustufen ausgelotet und diskutiert werden können.

## Gleich mal ausprobieren

Entwickeln Sie für Ihre laufende Unterrichtseinheit mit Ihren Schülern geeignete Diagnoseaufgaben vor der Klassenarbeit oder Lernkontrolle. Geben Sie Ihnen für eine arbeitsteilige Gruppenarbeit unterschiedliche Beispielformate an die Hand, z. B. Richtig-falsch-Aussagen, Fehlertext, Multiple Choice, Begriffspuzzle, und weisen Sie den Gruppen nach der Leistungsstärke differenzierte Inhalte aus der Einheit für die Erstellung ihrer Aufgabe zu. Lassen Sie sie einen Lösungsvorschlag für ihre Diagnoseaufgabe erarbeiten. Nach Überprüfung setzen Sie diese Diagnoseinstrumente in der folgenden Stunde mit der Selbstkontrollmöglichkeit ein. Sie können die Schülerergebnisse alternativ reihum von den Aufgabenkonstrukteuren auswerten lassen mit dem Auftrag, auf sich wiederholende Fehler zu achten und diese zu sammeln. Dies stärkt die Schülerwahrnehmung für Fehler und erlaubt eine zeitsparende Analyse der Diagnoseergebnisse.

# 91

Kompetent handeln können die Schüler dann, wenn sie außer dem benötigten Wissen und Können auch über Einsichten bezüglich erfolgreicher Strategien und Vorgehensweisen beim Bewältigen von Anforderungssituationen verfügen. Die Metakognition sollte folglich in jeder Phase des Lernprozesses während einer Unterrichtseinheit gefördert werden. Kurze, prozessbegleitende Reflexionsphasen sind wichtig.

## Gleich mal ausprobieren

- Die Phase der Orientierung, Planung und Vorbereitung des Vorgehens nach der Präsentation des Problems sollte vor Beginn der Bearbeitung reflexiv überprüft werden: Wie sind wir vorgegangen? – Was war schwierig? – Was könnten wir übersehen haben? – Wo tappen wir noch im Dunkeln?
- Während der anschließenden Ausführung sollten die Schüler sich kontinuierlich Klarheit über ihr Vorgehen verschaffen, es begründen (Arbeitsplan) oder, wenn nötig, verändern.
- Am Ende der Arbeitsphase sollten die Schüler überprüfen, inwieweit ihr Vorgehen in Bezug auf ihre Zielsetzung erfolgreich war, ob die Zielsetzung als solche dem Problem angemessen war, ob das erstellte Lernprodukt die Erwartungen erfüllt.
- ❯Tipp 98 Auch hierfür können – in Maßen – Reflexions- und Evaluationsinstrumente (Tipp 98) eingesetzt werden, um zum individuellen Nachdenken zu animieren, bevor ein moderiertes Reflexionsgespräch geführt wird.

# 92

Umfangreichere Lernprodukte, die auch von einer weiteren (Schul-)Öffentlichkeit gewürdigt werden, unterziehen die Schüler nach der Erstellung bereitwilliger einer kritischen Überprüfung, um sie anschließend sorgfältig zu überarbeiten oder zu vervollkommnen (Tipp 71). Daher sind Formen der Veröffentlichung für den kompetenzorientierten Unterricht eine wichtige Motivationsquelle, wie jeder von musikalischen oder anderen künstlerischen Darbietungen weiß. Vielfältige Veröffentlichungsformen bieten sich an: die Homepage der Schule, die Schülerzeitung, die Lokalzeitung, Ausstellungen, Präsentationen vor anderen Lerngruppen, bei Elterntreffen. CDs, Podcasts und Videoaufzeichnungen können erstellt werden.

❯ Tipp 71

## Um die Ecke gedacht

Lerngruppen können ihre Produkte anderen Klassen der gleichen Jahrgangsstufe präsentieren, wenn dort zum gleichen Inhaltsfeld unterschiedliche Lernaufgaben bearbeitet wurden. Das Produkt einer Lerngruppe kann auch zur Vermittlung eines Lernstoffs in anderen Klassen der Jahrgangsstufe genutzt werden.

## Gleich mal ausprobieren

Eine gestaltete Videoaufzeichnung zu einem Experiment, einer Expertenrunde, einer Debatte, einem Vortrag zum Problem fördert neben den fachlichen auch wichtige überfachliche Kompetenzen. Bei der Produktion etwa eines Balladen-Hörbuchs, einer Theaterszene oder eines Podcasts mit Interviews (besonders in der Fremdsprache), einer Rede oder eines Hörspiels lernen die Schüler, dass an der Qualität gearbeitet werden muss; sie sind daher zu Anstrengungen sowie zum Üben und Wiederholen bereit. Sie erfahren sich als selbstwirksam, wenn sie eine Publikumsrückmeldung bekommen.

# 93

Nach Bandura ist die Selbstwirksamkeitsüberzeugung eine zentrale Einflussgröße auf den Lernerfolg (vgl. Bandura 1997). Jeder Schüler erhält täglich im Unterricht zahllose implizite Rückmeldungen, z. B. durch die Art, wie die innerschulischen Interaktionsprozesse ablaufen. Daraus können junge Menschen ableiten, ob sie als Personen wertgeschätzt oder gering geschätzt werden, was vor allem für die Ausbildung des Selbstwertgefühls und des Selbstkonzepts ❯ Tipp 45 (Tipp 45) von Bedeutung ist. Wenn die Mitschüler auf Beiträge eines Schülers nie reagieren, erlebt dieser seine Gedanken häufig unbewusst als unbedeutend oder fehlgeleitet. Auch abwertende Reaktionen auf Fehler oder undifferenziertes Lob für Beiträge aufgrund von freundschaftlichen Beziehungen verhindern die Entwicklung eines lernförderlichen Selbstbilds und beeinträchtigen dadurch die Kompetenzentwicklung. Explizite Rückmeldungen in Form von Noten oder verbalen Äußerungen zielen direkt auf das Leistungs- und Fähigkeitsselbstkonzept der Schüler. Eine gelungene Mischung und Verknüpfung von Feedback-Kultur, Selbstreflexionsangeboten, kriteriengeleiteter Rückmeldung und Evaluation unterstützen die Entwicklung von Lernstrategien, erweitern die metakognitiven Selbststeuerungsfähigkeiten, fördern Selbstwirksamkeitsüberzeugun- ❯ Tipp 45 gen (Tipp 45), verbessern die Motivierungsqualität des Unterrichts und ermöglichen seine Anpassung an individuelle Voraussetzungen. Diese positive Feedback-Kultur muss allerdings sorgfältig eingeführt werden.

### Um die Ecke gedacht

Selbstwirksamkeitserfahrungen können Sie ermöglichen, indem Sie

- Leistungsziele so setzen, dass sie nicht überfordernd, sondern herausfordernd wirken;
- hilfreiche Formen positiven Feedbacks einführen und mit den Schülern üben;

## KRITERIENBEZOGEN BEWERTEN

# 94

Der Lernprozess und die anschließende Leistungsbewertung müssen von Anfang an aufeinander bezogen sein. Realitätsgerechte Transfersituationen in den schriftlichen oder mündlichen Leistungsaufgaben, die an den Kompetenzerwartungen orientiert sind, sollen den Schülern und dem Lehrer die Gelegenheit geben, den individuellen Kompetenzstand im Vergleich mit den Erwartungen in den Standards zu erkennen. Leistungsaufgaben für summative Lernerfolgskontrollen sollten folglich die unterschiedlichen Anforderungsebenen abbilden sowie auf unterschiedlichen Niveaus zu lösen sein. Die Niveaustufe der jeweiligen Lösung kann Prozentanteilen zugeordnet werden, um zu einer sachlich begründbaren Ziffernbewertung entsprechend der gültigen Erlasslage zu gelangen.

Mittels kompetenzorientierter Leistungsaufgaben kann auch die metakognitive Fähigkeit der Schüler zur schriftlichen Reflexion der eigenen Vorgehensweise, der Lösungsschritte und der Begründung der gewählten Strategien überprüft werden. Es ist wichtig, schon bei der Konzeption der Einheit mögliche Anforderungssituationen und Aufgabenformate in den Blick zu nehmen (Tipp 56). Mit erfahrenen Lerngruppen kann nach der Arbeits- und der Vertiefungsphase gemeinsam geklärt werden, welche Teilkompetenzen erworben wurden und in eine Leistungsaufgabe einfließen

> Tipp 56

sollten sowie nach welchen vorher entwickelten Kriterien bzw. Indikatoren diese bewertet werden sollten. Die Schüler erstellen somit im Idealfall den Erwartungshorizont für die Leistungsaufgaben in der Klassenarbeit zusammen mit ihrem Lehrer.

## Achtung!

Die Schüler müssen altersgemäß über die verbindlichen Bewertungskriterien informiert werden und die Aufgabenformate kennen. Es ist für ihren Lernprozess sehr hilfreich, wenn sie vor der Arbeit selbstständig ihren Kriterienkatalog auf die Überprüfung (z. B. von entsprechenden Hausaufgaben) anwenden, weil sie dadurch ihr Verständnis der Kriterien vertiefen und in einem Anschlussgespräch über die beobachteten Probleme gegebenenfalls konkretisieren können.

## Gleich mal ausprobieren

Entwickeln Sie für Ihre laufende Unterrichtseinheit mit Ihrer Lerngruppe arbeitsteilig geeignete Diagnoseaufgaben vor einer anstehenden Klassenarbeit oder Lernkontrolle. Geben Sie die Formate vor. Lassen Sie die Lösungen im Partneraustausch mit einer von Ihnen erstellten Indikatorenliste überprüfen.

**95**

Wie kann verhindert werden, dass die Lerngruppe durch die weitgehend selbstständige Arbeit an Lernaufgaben in heterogene Teilgruppen zerfällt und die Zielorientierung verloren geht?

Während einer kompetenzorientierten Unterrichtseinheit wechseln kooperative oder individuelle Arbeitsphasen regelmäßig mit Austausch- oder Plenumsphasen, die folgende Ziele verfolgen (Tipp 88):

❯ Tipp 88

- Planung des Vorgehens, Reflexion des arbeitsteiligen Prozesses, Verständigung über Probleme und Lernbedürfnisse;
- Einbringen der individuellen Ergebnisse oder Gruppenergebnisse in die Lerngemeinschaft zur Lösung der Ausgangsaufgabe oder einer gemeinsamen Anschlussaufgabe;
- Lernen von anderen durch die Entwicklung gemeinsamer Vorstellungen für eine mögliche Ergebnispräsentation, sinnvolle Lernprodukte und deren Evaluation;
- gemeinsame Entwicklung von Beurteilungskriterien.

**96**

Wie gehe ich damit um, wenn die Heterogenität in der Lerngruppe sich durch den kompetenzorientierten Unterricht nicht verringert, sondern gleich bleibt oder sogar wächst (Tipp 52)?

❯ Tipp 52

Dies ist kein Beleg für das Scheitern des kompetenzorientierten Unterrichts – im Gegenteil. Beobachtungen zeigen, dass in den meisten Fällen alle Schüler einen Kompetenzzuwachs erreichen. Durch die stärkere Individualisierung können schnelle, selbstständige Lerner noch besser vorankommen; langsame, lernschwache bleiben nicht völlig überfordert auf der Strecke. Anregungen finden Sie bei Paradies u. a. (2010).

Individuelle Wissenslücken können durch differenzierte Übungsaufgaben ausgeglichen werden, während andere an Vertiefungsaufgaben arbeiten, statt sich zu langweilen. Wichtig ist, dass die Lerngruppe in zentralen Phasen der Lösungswegs- oder Produktplanung und der Auswertung der Präsentationen wieder zusammengeführt wird. Im kompetenzangereicherten Unterricht ist nach den auf die Diagnose folgenden individualisierten Übungsphasen (Passung) die Lösung von Transferaufgaben, die auf unterschiedlichen Niveaustufen gelöst werden können, eine gute Form der Zusammenführung. Im kompetenzorientierten Unterricht geschieht dies bei der Auswertung der Lernprodukte und in den Reflexionsphasen.

### Gleich mal ausprobieren

Eine komplexe Lernaufgabe mit Aufgabenteilen aller Schwierigkeitsgrade anbieten, um für lernschwache und lernstarke Schüler Zugänge und Anreize zu schaffen. Mittels gestufter Hilfekarten (Tipp 69) bzw. Denkanstößen oder differenzierter Materialien Hinweise zur Bearbeitung geben. Zu jeder Hilfekarte mögliche Übungsaufgaben nennen/formulieren, die nach Bearbeitung die selbstständige Lösung der Schwierigkeit erleichtern. In der abschließenden Präsentation die Lösung der Aufgabenteile von den unterschiedlichen Schülergruppen vorstellen lassen. Die Einzelbeiträge für die Gesamtlösung positiv würdigen.

❯ Tipp 69

Voraussetzung für das Gelingen des kompetenzorientierten Unterrichts ist die Gestaltung einer guten Lernatmosphäre. Sie zeichnet sich durch eine positive Lehrer-Schüler-Beziehung, Regeln, Struktur, Interesse an der Sache sowie den Mitschülern aus und ist eng verknüpft mit der Entwicklung überfachlicher Kompetenzen der Lernenden, wie z.B. der Sozialkompetenz, der Kommunikationskompetenz, der personalen Kompetenz und der Lern- und Methodenkompetenz. Die Entwicklung dieser Kompetenzen erfordert auch – aber nicht nur – ein gutes Classroom-Management über Regeln und Rituale (vgl. Bohl/Kansteiner-Schänzlin 2010).

Bei der Gestaltung einer guten Lernatmosphäre gilt die Aufmerksamkeit des Lehrers

**Faktoren für eine gute Lernatmosphäre**

- der Transparenz der Unterrichtsschritte- und Entscheidungen,
- der Interaktion und Kommunikation,
- dem Umgang mit Gefühlen,
- dem Umgang mit Stress, Krisen und Angst im Arbeitsprozess.

Die Schüler

- erleben Formen der kooperativen Entscheidungsfindung und Problemlösung,
- üben Selbstbehauptung und Selbstwahrnehmung,
- lernen Widerstand gegen Gruppendruck,
- erfahren Prozessbegleitung durch hilfreiches Feedback, persönliche Rückmeldung und Evaluation (Tipp 64, 76, 98).

❯ Tipp 64, 76, 98

Ein gutes Lern-und Arbeitsverhalten muss unterrichtsbegleitend entwickelt werden, es kann nicht als Voraussetzung des kompetenzorientierten Unterrichts angesehen werden. Krisen und Störungen bleiben nicht aus, wie in jedem kooperativen Arbeitsprozess auch unter Erwachsenen, und müssen mit der Lerngruppe reflektiert und bearbeitet werden. Dazu ist es notwendig, dass die Schüler negative Erfahrungen angstfrei rückmelden können und diese zum Ausgangspunkt für gemeinsame Vereinbarungen für die zukünftige Arbeit werden. Schwerpunktsetzungen bezüglich der überfachlichen Kompetenzen können sich aus diesen Rückmeldungen ergeben.

### Achtung!

Der Versuch, die Lernatmosphäre zu verbessern, gelingt nicht, wenn der Lehrer von seinen negativen Beobachtungen ausgeht und Appelle wie „Könnt ihr nicht mal konstruktiv zusammenarbeiten!" an die Lerngruppe richtet oder die Regeln für ein gelingendes Unterrichtsgespräch vorgibt. Dies behindert die Entwicklung zu selbstständig Lernenden, die willens und in der Lage sind, ihre Lernziele und -strategien auch in komplexeren sozialen Beziehungen gemeinsam mit anderen Personen zu entwickeln, umzusetzen und kritisch zu hinterfragen. Wirkungsvoller im Sinne der überfachlichen Kompetenzentwicklung ist es, von den Erfahrungen und Beobachtungen der Schüler auszugehen, diese reflektieren und bewerten zu lassen und dann gemeinsam mit ihnen Lösungsstrategien/Regeln zu entwickeln sowie Vereinbarungen für die weitere Arbeit zu treffen.

### Gleich mal ausprobieren

❱ Webcode    Beispiel für einen Rückmeldebogen: **Webcode KU233342-010**

# 98

Die Evaluation von kompetenzorientiertem Unterricht dient dem Erfassen und Bewerten von Unterrichtsprozessen und ergebnissen mit dem Ziel der Weiterentwicklung der Qualität des Unterrichts im Hinblick auf die Lernbedürfnisse und Lernerfordernisse der konkreten Lerngruppe. Evaluation erfordert daher die Bewertung der Lernaufgabe, des Lernarrangements, der Lernumgebung, des Unterrichtsprozesses und der Unterrichtssteuerung durch den Lehrer aus der Perspektive des Schülers und seiner Kompetenzentwicklung. Durch systematisches Sammeln, Analysieren und Bewerten von Informationen zu diesen Unterrichtselementen lassen sich begründete Konsequenzen für die weitere Kompetenzförderung ziehen.

Mithilfe von Methoden wie Blitzlicht, Zielscheibe, Punktabfragen, Einschätzungslinie, Stimmungsbarometer oder auch Feedbackverfahren zu einzelnen Unterrichtssequenzen kann der Lernprozess aus Schülersicht beleuchtet werden. Klar fokussierte Fragebögen, Arbeitsprotokolle, eine zielgerichtete, kompetenzorientierte Analyse von Handlungsprodukten und Schülerergebnissen erlauben umfassende Rückschlüsse auf den Lernertrag. Diese Art von Evaluation kann auch das Selbstwirksamkeitserleben des Lehrers verstärken, das für die Freude an seinem anstrengenden Beruf wichtig ist.

## Gleich mal ausprobieren

Eine kompetenzorientierte Unterrichtssequenz evaluieren:
**Webcode KU233342-011**
❯ Webcode

Im Folgenden finden Sie Fragen, die einen konkreten Blick auf die Qualität des kompetenzorientierten Unterrichtsprozesses ermöglichen, weil die erwarteten Antworten nicht schematisch sind. Lassen Sie jeden Schüler zwei bis drei Fragen aussuchen, zu denen er für die Unterrichtssequenz eine schriftliche Rückmeldung auf Papierstreifen geben will. Halten Sie nummerierte Umschläge für die Antworten bereit, in die die Rückmeldung gesteckt wird. Da eine umfassende Auswertung aller Schülerantworten aufwändig ist, empfiehlt es sich, exemplarische Äußerungen mit signifikanten Antworten zu häufig gewählten Fragen zu kopieren und die Ursachen/Konsequenzen für die Weiterarbeit diskutieren zu lassen:

- Welche fachlichen Inhalte wurden an der Lernaufgabe zufriedenstellend bearbeitet?
- Welche Fragen zur Problemstellung bleiben offen?
- War die Lernaufgabe für dich herausfordernd und interessant oder eher überfordernd und frustrierend?
- Hat die Unterrichtssequenz persönliche Kompetenzen gefördert? Welche?
- Kannst du das an der Aufgabe erworbene Wissen und Können auf andere Bereiche übertragen?
- Wurden Methoden erarbeitet, die sich auch bei anderen Themenstellungen sinnvoll einsetzen lassen? Welche?
- Wie hilfreich war die Kooperation in der Lerngruppe für dein Lernen?
- Welche Verhaltensweisen des Lehrers waren für das Lernen in der Gruppe förderlich?
- Welche Verhaltensweisen des Lehrers waren für dich persönlich förderlich, welche haben dein Lernen behindert?
- Welche Elemente der Lernumgebung waren für deinen Arbeitsprozess hilfreich, welche haben ihn beeinträchtigt?

## Um die Ecke gedacht

Anonymität sichert ehrliche Antworten. Besteht allerdings ein sehr vertrauensvolles Verhältnis zwischen dem Lehrer und den Schülern, kann eine personenbezogene Evaluation individuelle Fördermöglichkeiten eröffnen. Dies setzt voraus, dass der Lehrer die Förderhaltung überzeugend sowie nachprüfbar einnimmt und mit Kritik umgehen kann.

# 99

Eltern stehen dem „neuen Lernen" gelegentlich skeptisch gegenüber. Einige haben ein konventionelles Lernverständnis, setzen auf reproduzierbares Wissen und glorifizieren die eigene Schulerfahrung. Andere haben kritische Zeitungsartikel über die Inhalts- und Bildungsferne der kompetenzorientierten Curricula gelesen und fürchten eine weitere „unsinnige Reform". Wie gehe ich damit um?

Es empfiehlt sich, auf einem Elternabend an einer konkreten Unterrichteinheit zu verdeutlichen, wie Inhalte und Kompetenzerwerb zusammenhängen. Dazu kann beispielsweise die Lernlandkarte herangezogen werden. Arbeiten Sie heraus, dass die relevanten inhaltsbezogenen Kompetenzen (z. B. das Modellieren und Problemlösen in Mathematik oder das Urteilen im Politik- oder Ethikunterricht) an für das jeweilige Fach zentralen Inhalten mit grundlegendem Bildungsgehalt erworben werden. Sie sollten dabei an einem konkreten Beispiel zeigen, wie methodische Kompetenzen und notwendige überfachliche Kompetenzen, wie etwa die Sozialkompetenz, im Zusammenspiel mit der inhaltlichen Arbeit erworben werden. Dadurch verdeutlichen Sie, dass diese nicht Selbstzweck oder „arbeitsmarktkonforme Zurichtung" sind, sondern ein notwendiger Bestandteil eines gemeinsamen Erkenntnis- und Erarbeitungsprozesses, in dem die Schüler eine möglichst hohe Selbstständigkeit erlangen sollen. Selbstständigkeit im Denken und Handeln ist Voraussetzung für eine autonome Persönlichkeit, die ihr Leben selbstbestimmt und verantwortungsvoll sich und anderen gegenüber gestalten kann. Zeigen Sie die Lernprodukte ihrer Schüler, damit auch die Eltern die Leistung wertschätzen.

## Achtung!

Empirische Studien belegen, dass eine positive Einstellung der Eltern zum pädagogischen Handeln der Lehrer den Lernerfolg unterstützt und umgekehrt, insbesondere dann, wenn sie die Vorstellungen einer angemessenen

Erziehung zur selbstständigen Bearbeitung von dem Lern-stand angemessenen Aufgaben teilen (vgl. Wild u.a. 2005). Eltern haben allerdings oft Probleme mit Niveau-stufenrückmeldungen, weil sie sofort Selektionsabsichten vermuten. Niveaustufen dienen in erster Linie als Diag-noseinstrument des Lehrers bei der Vorbereitung von Pla-nungsentscheidungen. Zeigen Sie, dass es das Ziel Ihrer pädagogischen Arbeit ist, jedem Schüler von seinem Aus-gangspunkt aus einen Kompetenzzuwachs zu ermögli-chen. Individuelle Rückmeldungen und entsprechende Lernvereinbarungen können diese Intention den Eltern verdeutlichen.

## Gleich mal ausprobieren

Zeigen Sie den Eltern ein Lernprodukt in den verschiedenen Bearbeitungsphasen mit den dazugehörigen Checklisten für die Selbstüberprüfung oder Partnerdiagnose. Verdeutlichen Sie den Qualitätsgewinn. Sie können auch eine individuelle Eingangsdiagnose mit dem auf einem Rückmeldebogen nach der Arbeit dokumentierten Kompetenzzuwachs kont-rastieren. Wahren Sie dabei die Anonymität. Ausstellungen zu Schülerprodukten und Vorstellungsabende für literari-sche oder musische Arbeitsergebnisse sind schon lange üb-lich. Auch andere Fächer sollten solche Foren nutzen. Sie för-dern die Motivation und personale Kompetenz der Beteiligten und geben dem erworbenen individuellen Kön-nen einen öffentlichen Raum in der Schulgemeinde. Daraus kann sich mit der Zeit eine positive Lernkultur in der gesam-ten Schule entwickeln.

Bandura, Albert (1997): Self-efficacy: the exercise of control. New York.

Bauch, Werner (2008): Akzentsetzung in kompetenzorientierten „Lernarrangements". Sinustagung 2008. http://mathe. ssa-ggmt.net/PrasentationKOUE-ganzer_Kreislauf.ppt (letzter Zugriff am 12.12.2011)

Bauch, Werner (2010): Kompetenzorientierter Unterricht. Akzente setzen, die Chancen nutzen. http://www.schulpaeda gogik-heute.de/index.php/artikel-128.html (letzter Zugriff am 12.12.2011)

Baumert, J./Bos, W./Lehmann, R. (Hrsg.) (2000): TIMSS/III. Dritte Internationale Mathematik- und Naturwissenschafts-studie. Der Abschlussbericht. Berlin. http://www.timss.mpg. de/TIMSS_im_Ueberblick/TIMSSIII-Broschuere.pdf (letzter Zugriff am 12.12.2011)

Baumert, J./Klieme, E./Neubrand, M. u. a. (Hrsg.) (2001): PISA 2000. Basiskompetenzen von Schülerinnen und Schülern im internationalen Vergleich. Opladen.

BMBF (Hrsg.) (2007): Klieme, Eckhard u. a.: Bildungsforschung Band 1. Zur Entwicklung nationaler Bildungsstandards, Bonn/ Berlin. http://www.bmbf.de/pub/zur_entwicklung_nationa ler_bildungsstandards.pdf (letzter Zugriff am 12.12.2011)

BMBF (Hrsg) (2008): Oelkers, Jürgen/Reusser, Kurt: Qualität entwickeln – Standards sichern – Mit Differenz umgehen. Berlin.

Bohl, Thorsten/Kansteiner-Schänzlin, Katja u. a. (Hrsg.) (2010): Selbstbestimmung und Classroom-Management. Bad Heilbrunn.

Breit, Gotthard (2005): Problemorientierung. In: Sander, Wolfgang (Hrsg.): Handbuch politische Bildung. Schwalbach/ Taunus, S.108–125.

Brüning, Ludger/Saum, Tobias (2006): Erfolgreich unterrichten durch Kooperatives Lernen. Strategien zur Schüleraktivierung. Essen.

Brüning, Ludger/Saum, Tobias (2008): Wissensnetze überprüfen und erweitern. Visualisieren im kooperativen Unterricht. http://www.iqesonline.net/index.cfm?id=9491f280-e0c6-b4e6-2380-a76ecce798c7&q=4 (letzter Zugriff am 12.12.2011)

Brüning, Ludger/Saum, Tobias (2009): Erfolgreich unterrichten durch Kooperatives Lernen. Neue Strategien zur Schüleraktivierung. Individualisierung – Leistungsbeurteilung – Schulentwicklung, Band 2. Essen.

Cohen, G. L. u. a. (2006): Reducing the racial achievement gap: A social-psychological intervention. In: Science, 313, S.1307–1310.

Cohen, G. L. u. a. (2009): Recursive processes in self-affirmation: Intervening to close the minority achievement gap. In: Science, 324, S.400–403.

De Shazer, Steve (1985): Keys to Solution in Brief Therapy. New York.

DESI-Konsortium/Klieme, Eckhard/Helmke, Andreas u. a. (2008): Unterricht und Kompetenzerwerb in Deutsch und Englisch. Ergebnisse der DESI-Studie. Weinheim und Basel. http://www.pedocs.de/volltexte/2010/3149/pdf/978_3_407_25491_7_1A_D_A.pdf (letzter Zugriff am 12.12.2011)

Diener, Uwe W.: Grafstat, das Fragebogenprogramm. Gefördert durch die Bundeszentrale für politische Bildung. www.grafstat.de (letzter Zugriff am 12.12.2011)

Dreibholz, Susann/Koehler, Heide (2008): Lernberatung und individuelle Entwicklungspläne. In: Kliemann, Sabine (Hrsg): Diagnostizieren und Fördern in der Sekundarstufe I. Schüler-kompetenzen erkennen, unterstützen und ausbauen. Berlin.

Dreyer, Elke/Harder, Katrin (2009): 99 Tipps Partner- und Gruppenarbeit. Berlin.

Hattie, John A. C. (2009): Visible Learning. A synthesis of over 8000 meta-analyses relating to achievement, London/New York.

HKM: Handreichungen für die mündliche Kommunikations-prüfung in den Leistungskursen der modernen Fremdspra-chen. http://fdg-englisch.pbworks.com

INBAS (1999): http://www.ausbildungsvorbereitung.de/download/r021.pdf (letzter Zugriff am 12.12.2011)

Keiner/Krause-Gäth/Priemer (2010): Grundprinzipien unterrichtlichen Handelns. http://textverstehen.bildung.hessen.de/grundprinzipien/Grundprinzipien__SK_Schema.pdf (letzter Zugriff am 12.12.2011)

Kiper, Hanna/Meints, Waltraud/Peters, Sebastian u. a. (Hrsg.) (2010): Lernaufgaben und Lernmaterialien im kompetenz-orientierten Unterricht. Bad Heilbrunn.

Klafki, Wolfgang (1991): Neue Studien zur Bildungstheorie und Didaktik. Weinheim/Basel.

Kliemann, Sabine (Hrsg.) (2008): Diagnostizieren und Fördern in der Sekundarstufe I. Berlin.

Klieme, E./Funke, J./Leutner, D./Reimann, P./Wirth, J. (2001): Problemlösen als fächerübergreifende Kompetenz. Konzep-tion und erste Ergebnisse aus einer Schulleistungsstudie. In: Zeitschrift für Pädagogik, 2, S. 179–200.

Klieme, E./Neubrand, M./Lüdtke, O. (2001): Mathematische Grundbildung. Testkonzeption und Ergebnisse. In: Deutsches PISA-Konsortium (Hrsg.), PISA 2000. Basiskompetenzen von Schülerinnen und Schülern im internationalen Vergleich. Opladen. S.139–190.

Kolb, David (1984): Experiential Learning: Experience as the Source of Learning and Development. New Jersey.

Körber, Andreas (2007): Grundbegriffe und Konzepte. Bildungsstandards, Kompetenzen und Kompetenzmodelle. In: Körber, Andreas u. a. (Hrsg.): Kompetenzen historischen Denkens. Ein Strukturmodell als Beitrag zur Kompetenzorientierung in der Geschichtsdidaktik. Neuried. S.54–86.

Kultusministerkonferenz (2005): Bildungsstandards der Kultusministerkonferenz. Erläuterungen zur Konzeption und Entwicklung. München.

Leisen, Josef u. a. (2007): Problemorientierter Unterricht und Aufgabenkultur. In: Mikelskis-Seifert, Silke / Rabe, Thorid (Hrsg.): Physik Methodik. Berlin. S.82–94.

Leisen, Josef (2010): Die Aufgabenstellung macht's. Kompetenzorientiertes und kompetenzangereichertes Unterrichten. http://www.leisen.studienseminar-koblenz.de/uploads2/02%20Der%20Kompetenzfermenter%20-%20Ein%20Lehr-Lern-Modell/2%20Kompetenzorientiertes%20und%20kompetenzangereichertes%20Unterrichten.pdf (letzter Zugriff am 12.12.2011)

Leisen, Josef (2010): Das Lehr-Lernmodell in den naturwissenschaftlichen Fachseminaren; Ein Lehr-Lernmodell für den naturwissenschaftlichen Unterricht. http://www.leisen.studienseminar-koblenz.de/uploads2/02%20Der%20Kompetenzfermenter%20-%20Ein%20Lehr-Lern-Modell/1%20Ein%20Lehr-Lern-Modell%20fuer%20den%20kompetenzorientierten%20Unterricht.pdf (letzter Zugriff am 12.12.2011)

Leisen, Josef (2011): Das Lernprodukt bringt's. http://aufgaben
kultur.de/seiten/0%20Aufgabenkultur%20im%20Lehr-Lern-
Modell/3%20Das%20Lernprodukt%20bringts.pdf

Maitzen, Christoph (2006): Das Schulbuch als zentrales
Lernmittel für kompetenzorientierten Unterricht? In: Bildung
bewegt, Ausgabe 12, S. 26 f.

Neubrand, M./Klieme, E./Lüdtke, O./Neubrand, J. (2002):
Kompetenzstufen und Schwierigkeitsmodelle für den
PISA-Test zur mathematischen Grundbildung. In: Unterrichts-
wissenschaft. Zeitschrift für Lernforschung, 30, S. 116–135.

Paradies, Liane/Linser, Jürgen (2010): Differenzieren im
Unterricht. Berlin.

Paradies, Liane/Wester, Franz/Greving, Johannes (2010):
Individualisieren im Unterricht. Berlin.

Paradies, Liane/Sorrentino, Wenke/Greving, Johannes (2010):
99 Tipps Lernstrategien vermitteln. Berlin.

Riedl, Alfred (2004): Grundlagen der Didaktik. Stuttgart.

Ruf, Urs/Gallin, Peter (1998): Dialogisches Lernen in Sprache
und Mathematik. Band 1. Seelze/Velber.

Sinus. Programm zur Steigerung der Effizienz des mathematisch-naturwissenschaftlichen Unterrichts. http://sinus-
transfer.uni-bayreuth.de (letzter Zugriff am 12.12.2011)

Spitzer, Manfred (2010): Medizin für die Bildung. Ein Weg aus
der Krise. Heidelberg.

Staatsinstitut für Schulqualität und Bildungsforschung
(Hrsg.) (2008): Pädagogisch diagnostizieren im Schulalltag.
München. http://www.isb.bayern.de (letzter Zugriff am
12.12.2011)

Tausch, Reinhard (1999): Achtung und Einfühlung. Kompass für didaktische und erzieherische Handlungen von Lehrerinnen und Lehrern. In: Pädagogik 11.

Tenorth, Heinz-Elmar (2011): „Bildung ist, was übrig bleibt." Heinz-Elmar Tenorth im Interview mit Thomas Kerstan. In: Die Zeit, 11.8.2011, S.30.

TIMSS-Studien: www.bildungsserver.de; http://wiki.bildungs server.de/index.php/TIMSS-Studie

Tschekan, Kerstin (2011): Kompetenzorientiert unterrichten. Eine Didaktik. Berlin.

Uffelmann, Uwe (1990): Problemorientierter Geschichtsunterricht. Grundlegung und Konkretionen. Villingen-Schwenningen.

VERA 2011: „VERA"-Tests des IQ-Berlin. Aufgabenbeispiele für 3. und 8. Klassen in den Fächern Deutsch, Mathematik, Englisch und Französisch. http://www.iqb.hu-berlin.de/ vera/2011 (letzter Zugriff am 12.12.2011)

von der Groeben, Annemarie (2008): Praxisbuch Verschiedenheit nutzen. Besser lernen in heterogenen Lerngruppen. Berlin.

von der Groeben, Annemarie/Kaiser, Ingrid (2011): Einmal Mittelalter und zurück. Vom leitenden Bildungsziel bis zur Präsentation. In: Pädagogik 7/8, S.74–79.

Wahl, Diethelm (2001): Wissen sichtbar machen. Nachhaltig lernen mit der „Netzwerk"-Methode. In: Praxis Schule 5–10, 12/6, S.66f.

Wahl, Diethelm (2006): Lernumgebungen erfolgreich gestalten. Vom trägen Wissen zum kompetenten Handeln. Bad Heilbrunn.

Wahl, Diethelm (2006): Ergebnisse der Lehr-Lern-Psychologie.
Textbeitrag zur 2. Fachtagung des BLK Modellversuchs
I-Lern-Ko in Berlin 20.9.2006. http://www.dblernen.de/docs/
Wahl_Ergebnisse-der-Lehr-Lern-Psychologie.pdf (letzter
Zugriff am 12.12.2011)

Weinert, F. E. (Hrsg.) (2001): Vergleichende Leistungsmessung
in Schulen – eine umstrittene Selbstverständlichkeit.
In: Weinert, F. E. (Hrsg.): Leistungsmessungen in Schulen.
Weinheim/Basel.

Wild, Elke/Siegmund, Anita/Rammert, Monika (2005):
Häusliches Lernen: Wie können Eltern die Lernmotivation
ihrer Kinder fördern? Forschungsprojekt 2000–2005. http://
www.uni-bielefeld.de/Universitaet/Einrichtungen/Zentra
le%20Institute/IWT/FWG/Hauslernen/Projektdarstellung-
Haeusliches-Lernen.pdf (letzter Zugriff am 12.12.2011)

Wirth, Ingo (2009): Kunst Methodik. Berlin.

Zaugg, Fritz: Förderkreislaufmodell. http://www.fritz-zaugg.
com/Ausser/Lern_Foerderkreis.pdf (letzter Zugriff am
12.12.2011)

## REGISTER

(Die Verweise beziehen sich auf die jeweiligen Tipp-Nummern.)

# Diagnostizieren und Fördern

| Diagnostizieren und Fördern | Schuljahr | ISBN 978-3-589- |
|---|---|---|
| **Deutsch** | | |
| Deutsch | 5/6 | 22687-0 |
| Rechtschreiben und Lesen | 7/8 | 22943-7 |
| Schreiben und literarisches Lesen | 7/8 | 23016-7 |
| Rechtschreiben und Lesen | 9/10 | 23162-1 |
| **Englisch** | | |
| Englisch | 5/6 | 22688-7 |
| *Listening* und *Speaking* mit Audio-CD | 7/8 | 23015-0 |
| *Reading* und *Writing* | 7/8 | 23014-3 |
| *Reading* und *Writing* | 9/10 | 23207-9 |
| *Listening* und *Speaking* mit Audio-CD | 9/10 | 23293-2 |
| **Mathematik** | | |
| Mathematik | 5/6 | 22686-3 |
| Brüche und Dezimalzahlen / Flächen und Körper | 7/8 | 22819-5 |
| Rationale Zahlen und Prozente / Zuordnungen und Funktionen / Daten und Zufall | 7/8 | 22884-3 |
| Prozent- und Zinsrechnen / Flächen / Terme, Gleichungen und Funktionen | 9/10 | 23013-6 |
| Zahlen und Operationen / Geometrische Körper / Daten und Zufall | 9/10 | 23051-8 |

*Informieren Sie sich unter der Nummer 0180 - 121 20 20 (3,9 ct/min. aus dem Festnetz der Dt. Telekom.) oder in unserem Onlineshop: www.cornelsen-shop.de*

*Willkommen in der Welt des Lernens*

# Die Schule zukunftsfähig machen

| Praxis-Ratgeber Schule – 99 Tipps | ISBN 978-3-589- |
| --- | --- |
| Besondere Schultage | 23079-2 |
| Differenzieren im Unterricht | 22885-0 |
| Effektives Selbstmanagement | 22937-6 |
| Elternarbeit | 23206-2 |
| Erfolgreich durch das Referendariat | 22934-5 |
| Individuelles Fördern | 22821-8 |
| Klassenlehrer | 23333-5 |
| Kompetenzorientiert unterrichten | 23334-2 |
| Lehrergesundheit erhalten | 23297-0 |
| Lernstrategien vermitteln | 23143-0 |
| Partner- und Gruppenarbeit | 22935-2 |
| Schulalltag meistern | 22936-9 |
| Schüler gerecht bewerten | 22820-1 |
| Störungsfreier Unterricht | 22823-2 |
| Üben im Unterricht | 22822-5 |
| Wenn Schüler Hilfe brauchen | 23056-3 |

*Informieren Sie sich unter der Nummer 0180 - 121 20 20 (3,9 ct/min. aus dem Festnetz der Dt. Telekom) oder in unserem Onlineshop: www.cornelsen-shop.de*

*Willkommen in der Welt des Lernens*